Heinz Strauf

Medienkompetenz entwickeln: Soziale Netzwerke

7. – 10. Klasse

Die Autoren

Heinz Strauf war Schulleiter an einer Hauptschule, unterrichtete die Fächer Deutsch, Mathematik und Informatik. Er ist Autor zahlreicher Veröffentlichungen.

Dieses Werk ist eine Überarbeitung des bisherigen Titels „Soziale Netzwerke" (ISBN: 978-3-403-23097-7).

Gedruckt auf umweltbewusst gefertigtem, chlorfrei gebleichtem und alterungsbeständigem Papier.

1. Auflage 2018

Satz: Graph & Glyphe, Offenburg

ISBN: 978-3-403-20178-6

www.persen.de

Inhaltsverzeichnis

Vorwort 4

Einführung 5
Die neuen, digitalen Medien 5
Mediennutzung als Freizeitgestaltung 6
Kommunikation mit den Neuen Medien 8
Die Neuen Medien und ihre Risiken 10

Soziale Netzwerke 11
Was ist das - „Soziale Netzwerke"? 11
Übersicht: Online-Netzwerke in Deutschland . 12
Wie halte ich es mit dem Datenschutz? 13
Beispiele von bekannten sozialen Netzwerken 14
Facebook – Übersicht 15
Facebook – Informationen 16
Facebook – Freunde, Profil anlegen 17
Facebook – Überlegungen zur Sicherheit 18
Facebook – Eine Seite erstellen 20
LizzyNet – Inforrmationen 21
LizzyNet – Die Community für Mädchen 22
LizzyNet - Informationen für Eltern 23
Hast du heute schon „getwittert"? 24
Twitter – Anmelden und registrieren 25
Twitter – Timeline und Tweet 26
Twitter – Antworten – Retweet 27
Twitter – Einstellungen 28
Google+ – ein weiteres soziales Netzwerk ... 29
Google+ – die Oberfläche 30
Google+ – der Stream 31
Google+ – weitere Funktionen 32
Instagram – Netzwerk nur für Fotografen? ... 33
Instagram – Übersicht 34
Instagram – Fotobearbeitung 35
Tumblr – Einführung 36
Tumblr – Anmeldung 37
Tumblr – die Übersichtsseite 38
Tumblr – einen eigenen Blog erstellen 39
Arbeitsblatt: Was ist privat? 40
Arbeitsblatt: Ich habe dich im Netz gesehen! 41
Arbeitsblatt: Bilder im Netz –
gar nicht so einfach 42
Arbeitsblatt: Soziales Netzwerk –
ein digitales Freundebuch? 43
Infoblatt: Das Netz vergisst nichts 44
Arbeitsblatt: Checkliste zum Anmelden
im sozialen Netzwerk 45
Arbeitsblatt: AGB –
Du kennst dich in sozialen Netzwerken aus .. 47

Chats 48
Was ist „chatten"? 48
Chats in Deutschland – eine Kurzübersicht ... 49
Arbeitsblatt: So „schreibt" man im Chat 50
Arbeitsblatt: Asterisken und Akronyme 51
Snapchat – Übersicht 52
Snapchat – Bildbearbeitung 53
Knuddels – Übersicht 54
KWICK – Übersicht 55
Arbeitsblatt: Sicher chatten –
Teste dein Wissen 56
Arbeitsblatt: Instant Messenger –
Was ist das? 57
Instant Messenger – eine kurze Übersicht ... 58
Tipps zu ICQ & Co. 59

Foren 60
Foren – Was steckt hinter diesem Begriff? ... 60
Pro-Ana- und Pro-Mia-Foren 61
Arbeitsblatt: Anorexie-Foren –
helfen sie Magersüchtigen? 62
Infoblatt:
Selbstverletzendes Verhalten (SVV)-Foren ... 63
Arbeitsblatt: Selbstmord per Internet
planen? – Suizidforen 64
Arbeitsblatt:
Foren – der neue, virtuelle Marktplatz 65

Handy, Smartphone & Co 66
Arbeitsblatt: Handy – Telefon oder mehr? 66
Arbeitsblatt: SMS – Short Message Service .. 67
WhatsApp –
die neue Form der Handykommunikation? ... 68
Arbeitsblatt: Smartphone –
noch Telefon oder schon Computer? 69

Rechtliche Grundlagen 70
Rechtliche Grundlagen in sozialen
Netzwerken 70
Einige rechtliche Grundlagen:
Beleidigung, Nachstellung 71
Arbeitsblatt:
Verhaltenskodex – Pflichten der Anbieter 72

Aufgaben der Schule 73
Was kann die Schule tun? 73
Positive Nutzung der Neuen Medien fördern . 75
Arbeitsblatt: Wie nutze ich Internet & Co 76
Wir erstellen einen Verhaltenskodex 77
Arbeitsblatt:
Wir schließen einen Klassenvertrag 78
Hilfen von außen:
Polizei, Sozialarbeiter, Mediatoren 79

Lösungen 80
Linkliste 90
Abbildungsverzeichnis 92

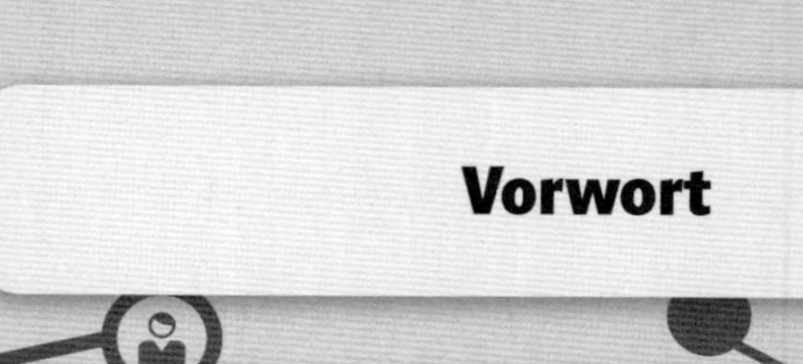

Vorwort

Sehr geehrte Kolleginnen und Kollegen,

Web 2.0, Neue Medien, soziale Netzwerke, Facebook, YouTube, Chats, Smartphones, Flatrate, Foren … – alles Begriffe, mit denen Jugendliche heute selbstverständlich umgehen. Das zeigt auch, dass sich die Welt der Jugendlichen in den letzten Jahren in einigen Bereichen erheblich verändert hat. Gerade das Freizeitverhalten hat durch die digitalen Medien eine Wandlung mit sich gebracht. Beobachtet man Jugendliche auf der Straße, in der Straßenbahn, im Bus, so ist es an der Tagesordnung, dass das Smartphone in der Hand (zum „Simsen", zum „Chatten" und „Surfen") oder am Ohr (zum Telefonieren) ist.

Fragt man in der Schule nach, wer einen Computer, ein Tablett oder ein Smartphone zur Verfügung hat, so gehen fast alle Hände hoch. Interessant wird es dann, wenn man nach der Nutzung des Rechners fragt: Da stehen Computerspiele, Chats, YouTube und soziale Netzwerke hoch im Kurs.

Dieses Buch möchte dazu beitragen, den Bereich der sozialen Netzwerke näher zu beleuchten. Dazu werden einzelne Netzwerke, die in der Gunst der Schüler weit oben stehen, kurz vorgestellt.

In einem weiteren Abschnitt werden die Bereiche „Chat" und „Foren" skizziert, die in der Computernutzung der Jugendlichen eine wesentliche Rolle spielen.

Ein weiterer Schwerpunkt des Buches besteht darin, die Risiken aufzuzeigen, die mit der zum Teil extensiven Nutzung der digitalen Medien in diesen Bereichen verbunden sind. Es wird hinterfragt, ob den Jugendlichen immer klar ist, was mit ihren Daten geschieht, die bei der (notwendigen) Registrierung in jedem Netzwerk erforderlich sind. Gehen Jugendliche immer sorgsam mit ihren persönlichen Daten um? Wie kann Missbrauch verhindert werden? Dabei unterstützen Arbeitsblätter die Schüler, ihre Nutzung des Internets (sozialer Netzwerke, Chats und Foren…) zu reflektieren und auf Gefahren und Risiken aufmerksam zu machen.

Das Buch kann nicht auf alle Fragen Antworten geben, möchte aber eine kleine Hilfestellung zum sorgsamen Umgang mit den vielfältigen Möglichkeiten der digitalen Medien sein.

Die Überarbeitung wurde notwendig, weil es in den letzten Jahren erhebliche Verschiebungen in der Nutzung der sozialen Netzwerke gegeben hat.

Um dieser Entwicklung Rechnung zu tragen, ist das Buch an entsprechenden Stellen ergänzt bzw. aktualisiert worden.

Für Anregungen und Hinweise bin ich dankbar.

Heinz Strauf

heinz@strauf.de

Die neuen, digitalen Medien

Unter dem Begriff „Neue Medien" werden gern die Medien zusammengefasst, die in den letzten zehn Jahren auf den Markt gekommen sind. Sie haben zum Teil das Leben der Jugendlichen, aber auch das Unterrichten in der Schule verändert, unter anderem das Internet mit seinen vielfältigen Möglichkeiten der Kommunikation. Aber auch digitale Kameras und die neue Generation der Smartphones mit unzähligen Applikationen erlauben vielfältige neue Anwendungen. Besser wäre es allerdings, in diesem Zusammenhang nicht von den „neuen" Medien zu sprechen, sondern von den „digitalen" Medien. Denn diese o. a. Medien gab es zum Teil schon vorher, jedoch ergibt sich durch die Digitalisierung der Medien eine Vielzahl von neuen und vorher so nicht gekannten Möglichkeiten.

Dies soll an einem einfachen Beispiel deutlich gemacht werden: Im Urlaub darf natürlich der Fotoapparat nicht fehlen. Man hat einen schönen Schnappschuss gemacht und ihn möglichst rasch der Familie zukommen lassen.

Früher: Man wartet das Ende des Urlaubs ab – eine Woche. Nach der Ankunft zuhause bringt man den Film zum Entwickeln und lässt Abzüge anfertigen – eine Woche. Diese Bilder zeigt man dann endlich der Familie. Inzwischen sind wenigstens 14 Tage vergangen.

Heute: Das Foto wird mit dem Smartphone aufgenommen und sofort in die sozialen Netzwerke gestellt oder per WhatsApp nach Hause geschickt. Wenige Sekunden später hat die Familie den Schnappschuss zuhause und kann sich das Bild ansehen.

In **Wikipedia** findet man folgende Definition des Begriffes „Neue Medien":

> *„Der Begriff Neue Medien steht in seiner jüngsten Bedeutung für elektronische Geräte wie Computer, Smartphones und Tablets, die den Nutzern einen Zugang zum Internet bereitstellen und Interaktivität ermöglichen."* *(Quelle: Wikipedia URL: http://de.wikipedia.org/wiki/Neue_Medien)*

Wenn man den letzten Satz der Definition nimmt, so findet man hierfür auch oft die Bezeichnung „Web 2.0". Damit ist gemeint, dass im Internet Inhalte selbst erstellt werden können, ohne dass man spezielle Software dazu benötigt.

Man stellt ein Video bei YouTube ein, man beteiligt sich mit seinem Fachwissen an dem Online-Lexikon wikipedia, etc.

Das Netz ist so zu einer Plattform geworden, die von den Nutzern (usern) mitgestaltet wird.

Mediennutzung als Freizeitgestaltung

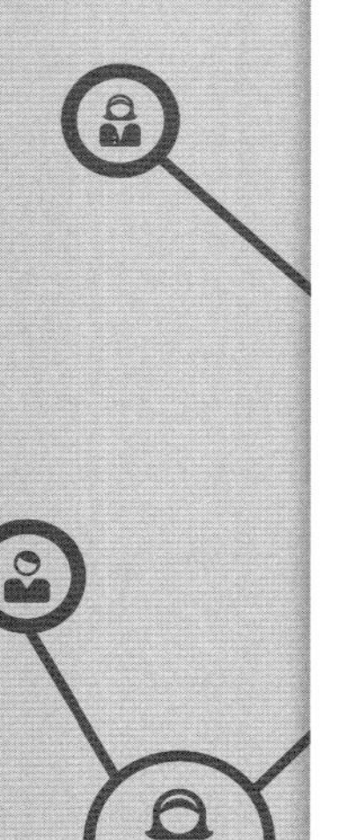

In der Freizeit der Schüler spielen heute digitale Medien eine wesentliche Rolle. In den Haushalten sind diese Geräte grundsätzlich vorhanden, wie die Grafik zeigt:

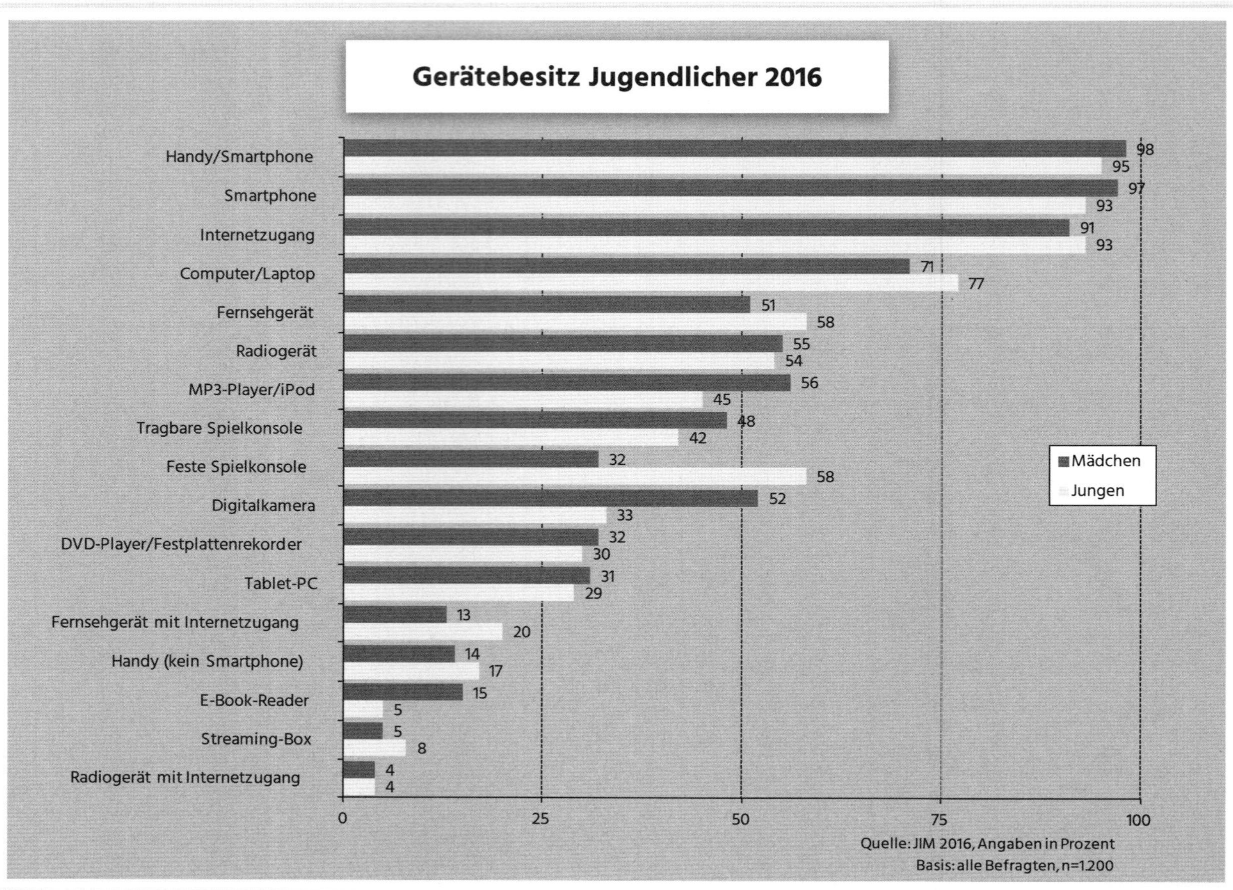

Von daher ist es selbstredend, wenn Jugendliche auch „selbstverständlich" mit diesen Medien umgehen. Sie nutzen sie, zum Teil auch extensiv. Entsprechende Untersuchungen verdeutlichen dies.

Die Grafik rechts zeigt die Tendenz deutlich: Während die Dauer der Nutzung von Fernsehen und Radio ständig zurückgeht, nimmt die Nutzungsdauer des Internets und mobiler Dienste weiter zu.

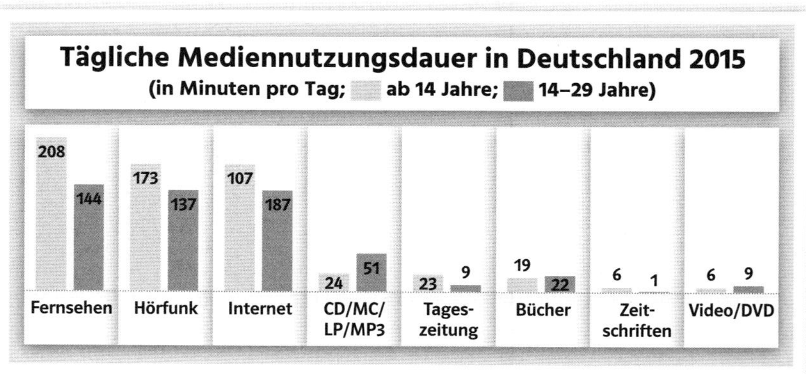

Quelle: ARD/ZDF-Langzeitstudie Massenkommunikation

Wenn man die hier genannten Zeiten betrachtet, wird man sich manchmal fragen, ob es außer der Mediennutzung noch andere Beschäftigungen der Jugendlichen gibt. Provokativ könnte man auch fragen, ob da überhaupt noch Zeit für die gemeinsamen Mahlzeiten, Gespräche in der Familie und schließlich auch für die Schulaufgaben gegeben ist.

Allerdings muss man bei der Betrachtung dieser Grafik berücksichtigen, dass sich die Nutzungen z. T. auch überschneiden, da Jugendliche oft Radio hören, während sie eine Zeitung oder Zeitschrift lesen. Auch wird wegen eines Telefonats mit dem Smartphone sicher nicht das Internet geschlossen. Trotz dieser Anmerkungen sind die Zeitangaben bemerkenswert.

Das Freizeitverhalten der Jugendlichen hat sich – wie schon geschildert – erheblich verändert. Wie in der JIM-Studie 2016 festgestellt wurde, besuchen ca. drei Viertel der Jugendlichen täglich oder mehrmals in der Woche soziale Netzwerke.

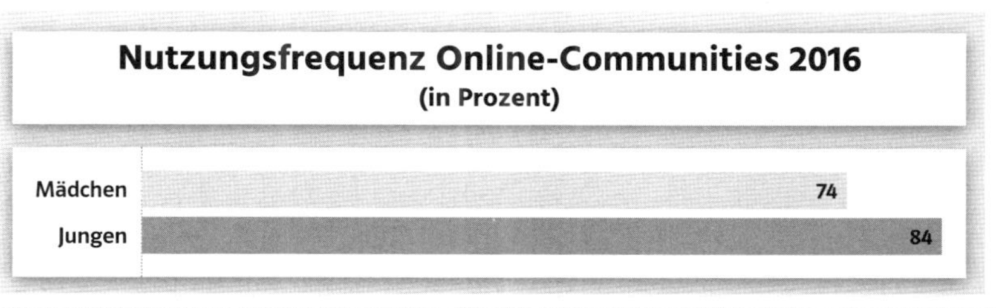

Quelle: JAMES-Studie 2016

Eine spezifizierte Aussage bietet die folgende Grafik, die Aussagen über die Aktivitäten der Jugendlichen im Internet macht, und zwar hier gezielt unter dem Aspekt der Kommunikation.

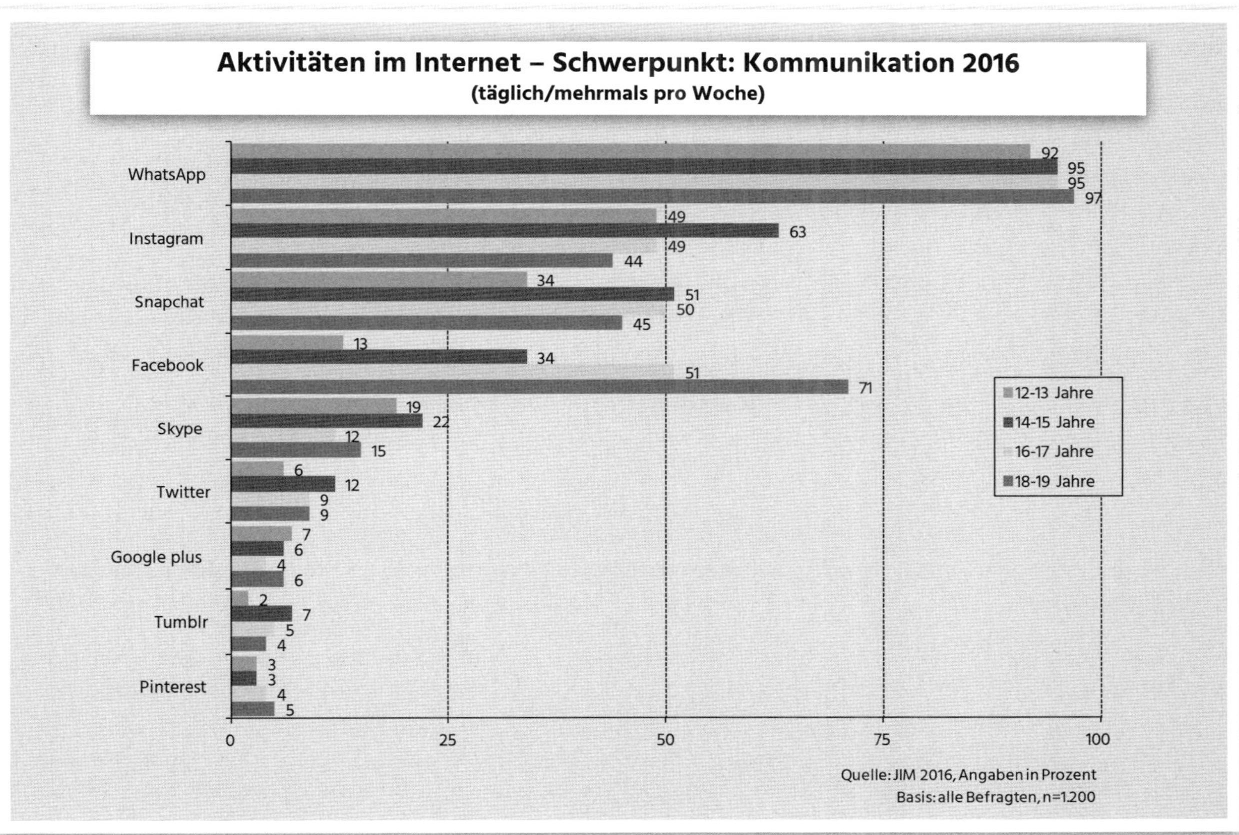

Wenn man solche Grafiken auswertet, wird dem Betrachter deutlich, wie sich die Jugendlichen in ihrer Freizeit verhalten. Persönliche Kontakte haben offensichtlich nicht mehr die Bedeutung wie noch vor 10 oder 20 Jahren. Kontakte werden vielfach über das Internet per WhatsApp, Instagram oder Facebook unterhalten. Das Wort „Freund" hat inzwischen für die Jugendlichen dadurch eine neue Qualität bekommen, dass sie in dem Netzwerk nur mit „Freunden" kommunizieren. Hier ist für viele maßgebend, welche Anzahl von „Freunden" man hat, nicht aber die Qualität der Beziehung. Von daher muss die bisherige Bedeutung des Wortes womöglich neu definiert werden.

Kommunikation mit den Neuen Medien

Wenn wir mit Jugendlichen das Thema „Neue Medien" diskutieren wollen, müssen wir uns darüber klar werden, wie die Jugendlichen dieses Thema sehen. Wir werden sie verstehen können, wenn wir versuchen, uns in sie hinein zu versetzen.

Bekanntermaßen ist es nicht leicht, sich in die Situation, in die Lebenswelt eines Anderen hineinzuversetzen, da man in dessen Welt nicht wirklich lebt. Also muss man Möglichkeiten suchen, sich ein umfassendes Bild davon zu machen, wie Jugendliche mit den Neuen Medien umgehen.

Eine gute Möglichkeit, sich über die Welt der Jugendlichen zu informieren, ist z. B. der Film „Gefangen im Netz – Jugendliche zwischen Abenteuer und Mediensucht", den man im Internet z. B. bei YouTube findet und für die Präsentation in der Schule nutzen kann.

Dieser Film zeigt drei Jugendliche, Felix (10), Alexandra (15) und Lukas (17). Der Film schildert das Freizeitverhalten dieser drei Jugendlichen, das sehr stark von der Nutzung des Internets geprägt ist. Felix spielt sehr viel im Netz; Alexandra lässt keine Möglichkeit aus, in sozialen Netzwerken und Chatrooms Kontakte zu knüpfen; Lukas findet, dass Spiele im Netz eine sehr gute Beschäftigung sind, die ihm auch Bestätigung geben. Die Eltern der drei Jugendlichen erläutern aus ihrer Sicht das Verhalten ihrer Kinder. Auch wenn in dem Film nur drei Jugendliche zu Wort kommen, so kann man trotzdem sagen, dass sie stellvertretend für viele Jugendliche stehen.

Ein anderer wesentlicher Aspekt ist auch, dass der Film eine Möglichkeit darstellt, in aller Offenheit mit Jugendlichen über die Themen „Internet", „Neue Medien", „Soziale Netzwerke" ins Gespräch zu kommen.

Warum stellen sich Jugendliche im Netz öffentlich dar? In dem Heft „Internet – was soll mir schon passieren?" (Violetta-Hannover, 2013) schildern die Verfasserinnen Jessica Weiß und Tamara Weiß einige dieser Gründe.

> *„Man kann sich fragen, warum Jugendliche zu einer solchen Selbstinszenierung bereit sind. Sie geben ihre persönlichsten Daten preis und haben Spaß dabei. Die Erklärung ist einfach: Jugendliche möchten Anerkennung, Zuneigung, sie möchten sich ausprobieren, aber auch einfach mitmachen, um »in« zu sein – insgesamt ein grundsätzlicher Bestandteil der Pubertät. Jugendliche nutzen zusätzlich das Internet. Es ist selbstverständlicher Teil ihres Lebens, sich im Internet zu präsentieren. Dabei gilt es, anderen zu zeigen: Ich bin auch da …*
>
> *Im Vordergrund steht die Möglichkeit, gesehen zu werden. Nur wer im Netz vertreten ist, hat vermeintlich auch Chancen auf Anerkennung im realen Leben. Jugendliche stehen diesbezüglich unter Druck. Sie werden permanent durch andere bewertet. Also ist es wichtig, sich möglichst »cool« zu präsentieren. Viele Freunde zu haben, die richtige Musik oder angesagte Videos sowie sonstige Internetseiten zu kennen, gehört zum Leben der Jugendlichen dazu."*

Kommunikation mit den Neuen Medien

Wenn man sich auf die Lebenswelt der Jugendlichen einlassen will, so muss man sich auch mit deren Wertvorstellungen, Normen, ihren Verhaltensformen wie Freizeit- und Konsumverhalten, auseinandersetzen. Man kann die Jugendlichen vielleicht leichter verstehen, wenn man sich selbst noch einmal deutlich macht, wie die Zeit jeden von uns persönlich geprägt hat. Die Musik hatte z. B. in unserer Jugendzeit einen nicht unerheblichen Einfluss auf Kleidung, Haarschnitt, Verhalten usw. Dies sollte man bedenken, wenn man sich mit der heutigen Jugend beschäftigt.

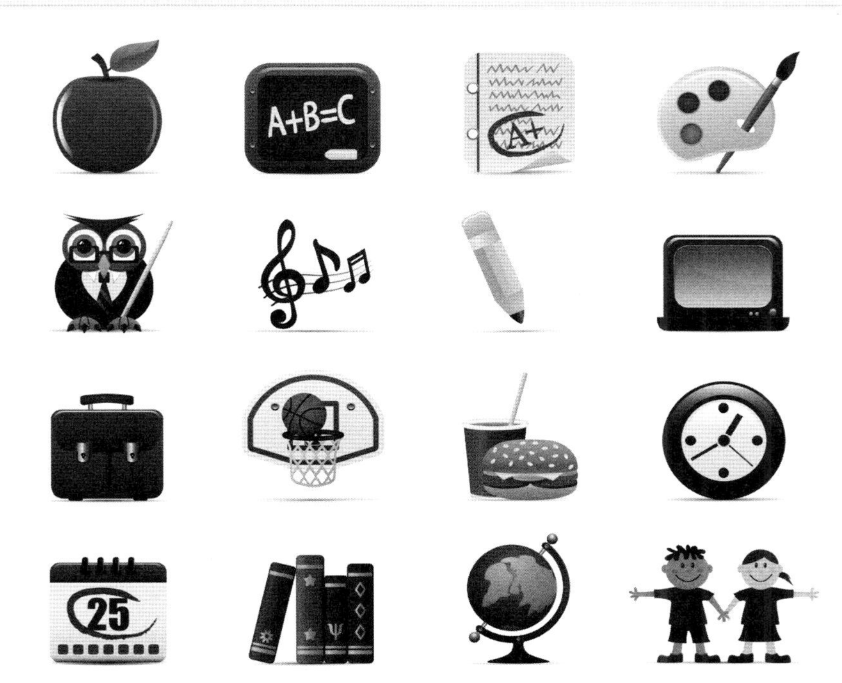

Eine nicht zu unterschätzende Gefahr liegt u. a. darin, dass Jugendliche für ihre Selbstdefinition Indikatoren benötigen, die sie normalerweise in ihrem Umfeld erhalten: das kann die Anerkennung in der Familie sein, das kann der Schulabschluss sein, das kann aber auch der Abschluss einer Ausbildung sein. Wenn nun solche Indikatoren fehlen, so wird dieser Verlust durch andere Indikatoren oder Symbole ergänzt. Die Gefahr besteht nun darin, dass der Jugendliche den Bezug zur Realität unter Umständen verliert und sich in eine Scheinwelt begibt. Untersuchungen bestätigen in diesem Zusammenhang, dass Jugendliche, die über zu wenig Medienkompetenz verfügen und auch noch ein niedriges Selbstwertgefühl haben, besonders gefährdet sind. Auch aus diesem Grund ist ein grundlegender Aufbau der Medienkompetenz wichtig.

In dem Film „Google zeigt mich, also bin ich“ sagt ein Jugendlicher:

> *„Im Grunde ist das alles nur Theater. Man möchte den Leuten zum Beispiel zeigen, dass man gut angezogen ist und dass man auf Äußeres achtet. Ähnlich wie bei einem Fernsehspot, der für einen guten Joghurt wirbt. Blogs sollen die Leute dazu bewegen, weiter zu lesen und uns kennenzulernen. Ich werbe für mich, für meine Freunde, für mein Leben.“*

Die Neuen Medien und ihre Risiken

Bei allen Vorteilen, die die digitalen Medien und die Nutzung des Webs mit sich bringen, dürfen die Risiken nicht verschwiegen werden. Das Problematische an diesen Risiken ist, dass sie nicht sofort ins Auge springen. Wenn man z. B. im Internet in einem sozialen Netzwerk alle Möglichkeiten, die diese Plattform bietet, ausnutzen möchte, so muss man viele persönliche Daten preisgeben. Diese Daten lassen sich leicht für Werbezwecke, aber auch in anderer Weise verwenden, indem Persönlichkeitsprofile der Nutzer erstellt werden.

Mit dem Einzug des Internets in unser aller Alltagsleben sind vielfältige Risiken verbunden, die im Weiteren noch näher erläutert werden, z. B.: Mobbing im Netz (Cyber-Mobbing), Werbung für Ritzen oder Anorexie, Anleitungen zu Experimenten mit Drogen, Seiten über Rechtsradikalismus, Gewalt in allen Formen, Internetsucht. Diese Risiken bilden gerade für die Jugendlichen eine nicht zu unterschätzende Gefahr, da sie die Jugendlichen in ihrer persönlichen Entwicklung beeinträchtigen können. Dazu kommt noch, dass diese Risiken durch die sogenannte „Medienkonvergenz" noch verstärkt werden.

Damit verbunden sind Fragen, die für Eltern und Lehrkräfte wichtig sind:

- Wie wirkt sich die mediale Gewaltdarstellung auf die Entwicklung der Jugendlichen aus?
- Müssen diesbezüglich Schutzmaßnahmen ergriffen werden?
- Gibt es solche Schutzmaßnahmen bereits? Wenn ja, welche?
- Wie kann man auf solche Gewaltdarstellungen im Netz reagieren?
- Wie kann man mit Jugendlichen über dieses Thema in einen offenen Dialog treten?

Ebenfalls wird oft nicht bedacht, welche rechtlichen Grundlagen beachtet werden müssen. Schnell hat man Bilder der letzten Party ins Netz gestellt. Hat man auch daran gedacht, die Genehmigung der auf dem Foto Abgebildeten einzuholen? Das Gleiche gilt für Videos von einer Feier, einem Klassenausflug oder sonstiger Veranstaltungen privater Natur. Da tagtäglich eine riesige Menge von Bildern und Filmen ins Netz gestellt wird, ist naturgemäß die Kontrolle der Rechtmäßigkeit sehr schwer. Jedoch muss sich jeder darüber im Klaren sein, an welche Spielregeln er sich zu halten hat.

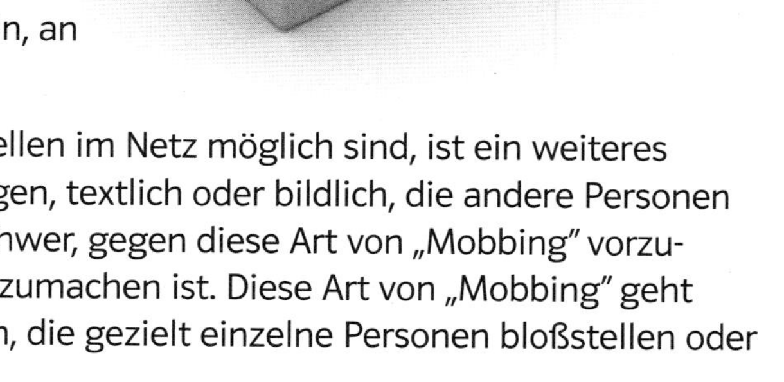

Mit den Bildern oder Kommentaren, die an vielen Stellen im Netz möglich sind, ist ein weiteres Problem verbunden. Es gibt eine Reihe von Äußerungen, textlich oder bildlich, die andere Personen negativ darstellen. Es ist für den Betroffenen sehr schwer, gegen diese Art von „Mobbing" vorzugehen, weil der Verursacher nicht immer einfach auszumachen ist. Diese Art von „Mobbing" geht sogar so weit, dass „Hassgruppen" gegründet werden, die gezielt einzelne Personen bloßstellen oder beleidigen.

AUFGABE

Seit dem 25.05.2018 gilt in der EU die Datenschutz-Grundverordnung (DSGVO). Informiere dich, welche Vorteile diese Regelung für deine persönlichen Daten hat.

Was ist das – „Soziale Netzwerke"?

Auch wenn in der Literatur meist der englische Begriff „social communities" verwendet wird, soll in diesem Buch der deutsche Begriff „soziale Netzwerke" gebraucht werden. Solche Netzwerke sind für Kinder und Jugendliche heute sehr wichtig geworden. Über Smartphone, Smartwatch, Tablet und Computer steht ihnen die Welt für die gewünschte Kommunikation offen.

Solche virtuellen Gemeinschaften liegen derzeit im Trend. Es gibt immer mehr Seiten im Internet, auf denen sich Menschen treffen und sich über alle möglichen Dinge austauschen: Hobbys, Interessen, u. v. a.

Erwachsene stellen sich oft die Frage, warum diese Netzwerke eine solche Bedeutung im Leben der Jugendlichen haben, da sie doch die persönlichen Kontakte zwischen den Personen nicht ersetzen können. Aber sie schaffen etwas, was für die Jugendlichen sehr wichtig ist, sowohl persönlich als auch für die Peer-Group. Im Netzwerk knüpfen sie Kontakte, die hier oft „Freunde" genannt werden. Durch meine Anfrage, meine persönliche Vorstellung, finde ich schneller Freunde, als bei der Suche in der Klasse oder in der Freizeit. Auch wenn der persönliche Kontakt nicht da ist, so gibt es in den Medien doch eine Vielzahl von Möglichkeiten, sich persönlich darzustellen:

- Ich nenne meinen Namen, Alter, Geschlecht, Größe, Haarfarbe.
- Dann erfährt mein Freund auch etwas über meine Hobbys, meine Lieblingsmusik.
- Schließlich gibt es die Möglichkeit, Bilder oder Videos ins Netz zu stellen, die mehr über mich aussagen, als das ein Text kann.

Diese Möglichkeiten bietet das Netz heute allen Anwendern. Jeder kann im sogenannten Web 2.0 Inhalte selbst erstellen. Das kann ein eigener Blog sein, man kann im Online-Lexikon Wikipedia Beiträge erstellen oder ergänzen oder man kann Filme auf dem Portal YouTube einstellen. Alle diese Beiträge sind dann für jeden Nutzer des Internets sichtbar.

Solche Netzwerke kommen – wie vieles andere – aus Amerika zu uns. Die bekanntesten sind WhatsApp, Instagram und Facebook, die sich auch in Deutschland etabliert haben. Wie schnell sich diese Art der Kommunikation durchgesetzt hat, zeigen die vielen Netzwerke, die in den letzten Jahren entstanden sind – und auch noch entstehen.

Übersicht: Online-Netzwerke in Deutschland

Name	Kurzbeschreibung	Zielgruppe	Visits Deutschland 10/2016
Facebook *www.facebook.com*	Wurde 2004 in den USA gegründet. Es ist das bekannteste Netzwerk.	Alle	677 Mio.
Ok *www.odnoklassniki.ru*	Plattform nur in russischer Sprache	Schüler und Ehemalige	113 Mio.
Twitter *www.twitter.com*	Netzwerk, das nur Kurznachrichten zulässt.	alle	68,8 Mio.
Instagram *www.instagram.de*	ein kostenloser Dienst zum Posten und Teilen von Fotos und Videos	Alle	51,1 Mio.
VKontakte *www.vk.com*	Vkontakte ist ein mehrsprachiges soziales Netzwerk, das aus Russland stammt.	Alle	50,7 Mio
Pinterest *www.pinterest.com*	Hier können Bildkollektionen an Pinnwände geheftet und von Nutzern kommentiert werden.	Alle	37,2 Mio.
Tumblr *www.tumblr.com*	Diese Blogging-Plattform wurde 2007 gegründet.	Kreative, die mehr gestalten als schreiben wollen	33,7 Mio.
Reddit *www.reddit.com*	Dies ist eine Website, auf der registrierte Benutzer Inhalte einstellen bzw. anbieten können.	Alle	32,1 Mio
LinkedIn *www.linkedin.com*	Netzwerk eher für geschäftliche Kontakte; wurde 2003 gegründet	Angestellte, Selbstständige, Studenten	11,4 Mio.
XING *www.xing.com*	Netzwerk mit dem Schwerpunkt „berufliche Kontakte“; 2003 in Hamburg gegründet	Angestellte, Selbstständige, Studenten	8,01 Mio.

Es gibt natürlich noch eine Reihe weiterer Netzwerke, die jedoch nicht so bedeutend sind. Von Schülern werden häufig noch die beiden nächsten Netzwerke genannt.

Jappy *www.jappy.de*	Allgemeine Community	Keine, eher junge Leute	6,1 Mio
Stayfriends *www.stayfriends.de*	Community für Ehemalige, um ehemalige Klassenkameraden wiederzufinden	Ehemalige	3,8 Mio.

(Quelle: SimilarWeb/Recherche via Meedia; Stand: 2016)

Wie halte ich es mit dem Datenschutz?

Wie sicher sind meine Daten in den sozialen Netzwerken?

Diese Frage stellen sich die Jugendlichen leider nicht immer, wenn sie sich in einem sozialen Netzwerk oder einem Chatroom anmelden. Oder sie gehen verhältnismäßig leichtsinnig damit um (vergleiche Ergebnisse der Arbeitsblätter, Seite 40 ff.).

Deshalb ist es eine wesentliche Aufgabe von Eltern und Lehrern, auf die Risiken und Gefahren hinzuweisen, die mit der Nutzung sozialer Netzwerke verbunden sind.

Gleichzeitig muss natürlich darauf hingewiesen werden, dass die Betreiber sozialer Netzwerke ein bestimmtes Maß an Vorschriften für den Umgang mit Daten einhalten müssen. Dies wird von den Netzwerken, die für die Jugendlichen erreichbar sind, sehr unterschiedlich gehandhabt.

Da immer wieder von Verbänden, Verbraucherschützern, Datenschutzbeauftragten, u.s.w. angemahnt wurde, die Geschäftsbedingungen entsprechend zu ändern, mussten die Netzwerke reagieren.

Hier sollen exemplarisch einige Punkte aufgezählt werden, die aufgrund der AGB von Facebook zumindest als kritisch anzusehen sind.

Standortdaten. Facebook hat über die App Zugriff auf standortbezogene Daten der Nutzer. So kann Werbung z. B. für Geschäfte geschaltet werden, aber auch Freunde, die sich in der Umgebung aufhalten, können angezeigt werden.

Verknüpfung von Daten. Zum Konzern gehören außer Facebook auch WhatsApp und Instagram. Facebook ist es damit möglich, die Profile der Nutzer ein und derselben Person zuzuordnen. Damit erhält der Konzern Daten, die für die Werbung relevant sind.

Werbung. Für viele Nutzer ist es wichtig, dass die Nutzung der sozialen Netzwerke kostenlos möglich ist. Der Konzern kann das aber nur leisten, wenn er Einnahmen aus Werbung erhält.

Facebook schaltete eine Werbung in deutschen Tageszeitungen (hier: Kölner Stadt-Anzeiger vom 19.07.2018). Wenn man diese liest, werden die Kritikpunkte, gegen die sich Facebook in der Anzeige wehrt, sehr deutlich.

Aufgabe muss es also sein, sich bewusst zu werden, dass Daten, die in die eigenen Profile eingetragen werden, nicht unbedingt nur die Adressaten erreichen, die sie selbst auswählen – die Betreiber der Netzwerke haben ebenfalls Zugriff darauf – und nutzen diese.

AUFGABEN

1 **Aus der Anzeige lassen sich die Kritikpunkte an Facebook leicht herausfinden. Wähle drei Punkte aus und diskutiere sie mit deinem Nachbarn.**

2 **Erläutere kurz, welcher der genannten Kritikpunkte für dich besonders wichtig ist. Überlege, welche Einstellungen bei Facebook kritisch zu betrachten sind.**

Beispiele von bekannten sozialen Netzwerken

Im Rahmen dieses Buches können natürlich nicht alle sozialen Netzwerke vorgestellt werden, die von Jugendlichen in Deutschland genutzt werden. Deshalb musste eine Auswahl getroffen werden. Dabei werden im Folgenden solche Netzwerke kurz vorgestellt, die unter den Jugendlichen sehr beliebt sind.

Im Internet findet man unterschiedliche Rankings. Hier ein Beispiel:

Position	Social Network
1	facebook.com
2	Ok.ru
3	Twitter.com
4	Instagram.de
5	vk.com
6	Pinterest.com
7	Tumblr.com
8	Reddit.com
9	Linkedin.com
10	Xing.com

(Quelle: Similar Web/MEEDIA; Stand Oktober 2016)

Auf den folgenden Seiten werden zwei Beispiele aus dieser Liste sowie ein weiteres vorgestellt:

- **Facebook**
  Diese Plattform aus den USA verbreitet sich auch in Deutschland rasant.
- **LizzyNet**
  Dieses Netzwerk richtet sich ausschließlich an Mädchen und junge Frauen.
- **Twitter**
  Diese Plattform ist ein „Mikroblock". Man kann Nachrichten in einem Umfang von höchstens 280 Zeichen senden.

Dazu kommen weitere Beispiele: Einmal das Netzwerk **Instagram**, das inzwischen sehr beliebt ist, und verstärkt auf Fotos und Videos basiert. Außerdem wird das Netzwerk **Google+** vorgestellt, das Netzwerk des amerikanischen Konzerns Google.

Hinweis: Die im Jahre 2010 größte Community in Deutschland, **SchülerVz**, stellte im Jahr 2013 ihren Betrieb ein. Alle Accounts wurden gelöscht. Auch die unter Schülern beliebte Website **spickmich** wurde inzwischen eingestellt; ebenfalls die Plattform **Wer-kennt-wen**. Dies zeigt, wie sehr dieser Bereich dem Wandel unterliegt.

Facebook – Übersicht

Das wohl bekannteste soziale Netzwerk ist Facebook, das vor allem in den USA bekannt und beliebt ist. Aber auch in Deutschland melden sich immer mehr User auf dieser Plattform an. Immerhin liegt die Zahl der Nutzer alleine in Deutschland bei ca. 39 Millionen.

Wenn man die Seite unter http://de-de.facebook.com aufruft, erscheint dieser Startbildschirm.

Die Information auf dieser Seite macht schon deutlich, dass Facebook alle ansprechen will. Es wird nicht eine bestimmte Gruppe, wie z. B. Schüler, angesprochen. Facebook ist ein Netzwerk für alle Altersgruppen, für alle Berufsgruppen, in aller Welt.

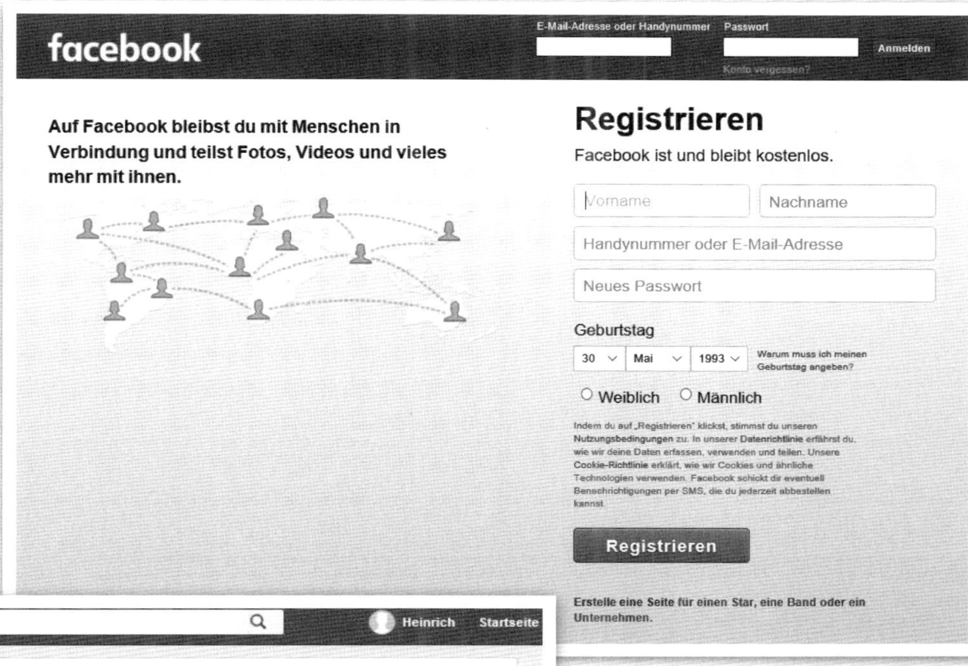

Wie in jedem Netzwerk ist eine Registrierung erforderlich. Danach erscheint dieser Bildschirm, der den Nutzer durch die weiteren Menüpunkte leitet. So erfolgt zunächst der Hinweis darauf, Freunde (über den eigenen E-Mail-Account) zu finden. Danach wird angeregt, ein Bild hochzuladen. Schließlich wird man gebeten, Informationen über das eigene Profil zu geben, damit Freunde mit ähnlichen oder gleichen Interessen gefunden werden können.

Facebook – Informationen

In dem Profil werden nun die Einstellungen für den eigenen Account angegeben. Wie schon erwähnt, ist es natürlich hilfreich, wenn hier Angaben gemacht werden, die für einen gewünschten Kontakt sinnvoll sind u. a.:

- Wohnort
- Interessen
- Biografie

Bei diesen Angaben ist es nun wichtig, wer diese lesen soll. Hier muss der Nutzer genau darauf achten, was er von seiner Privatsphäre preisgeben will. Daher kommt diesen Einstellungen eine wesentliche Bedeutung zu.

Facebook macht unter den Nutzern hier eine Unterscheidung zwischen

- Alle
- Freunde von Freunden
- Nur Freunde.

Sollte ich als Nutzer meine Angaben ändern wollen, so ist dies immer über die Seite „Einstellungen" möglich. Hier sehe ich die derzeitigen Einstellungen und kann über den Punkt „Bearbeiten" die gewünschten Änderungen vornehmen, so z. B.

- Nutzernamen
- Passwort
- Sprache

Schließlich kann ich über den Menüpunkt „Allgemein > Konto verwalten" das bestehende Konto deaktivieren.

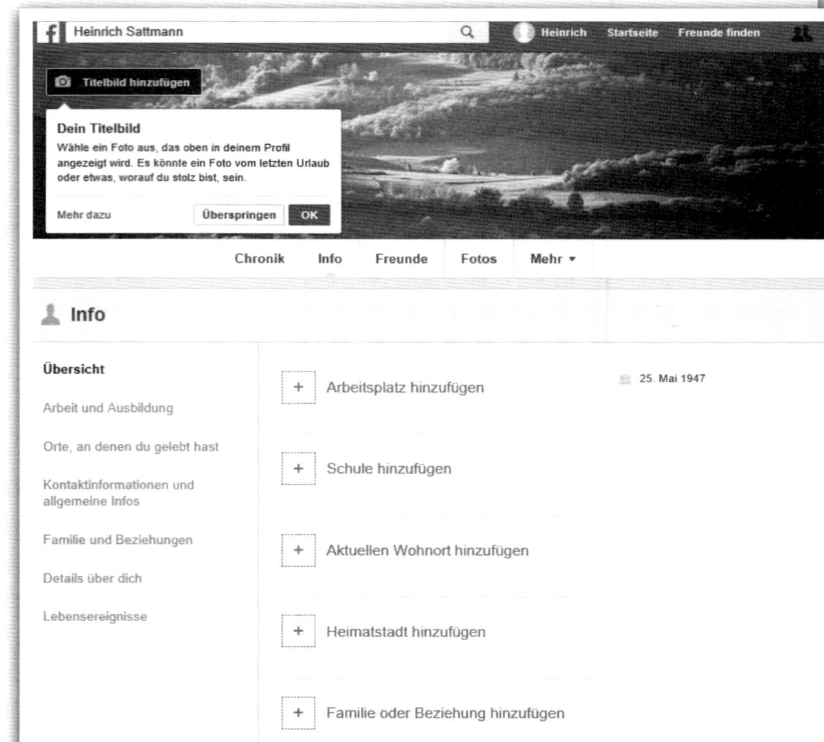

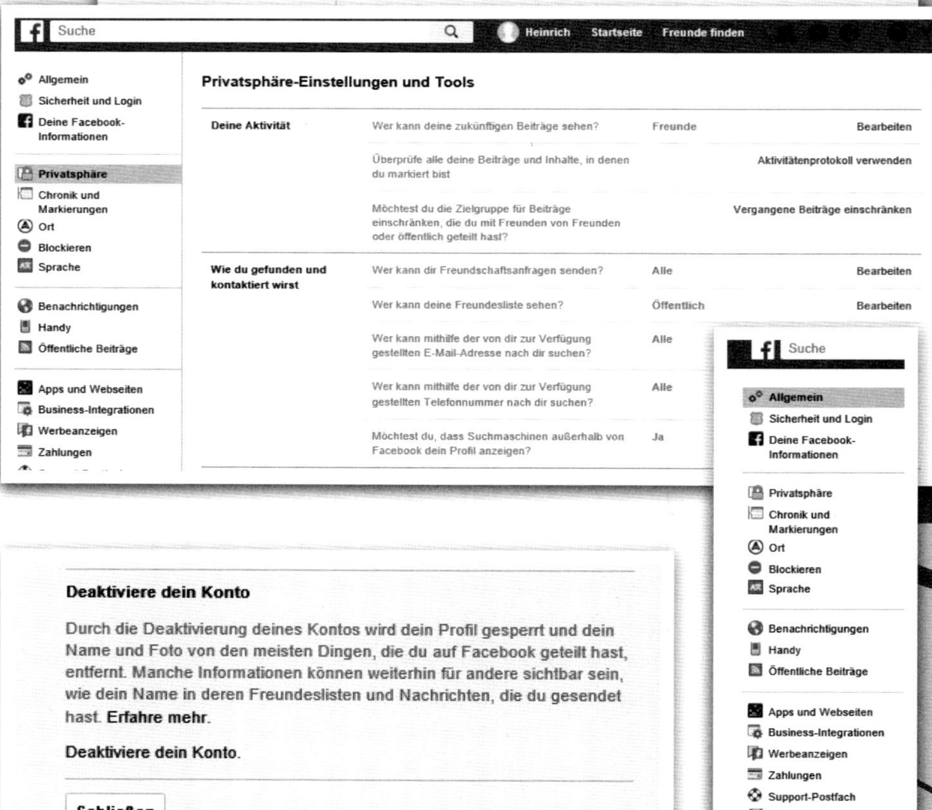

Facebook – Freunde, Profil anlegen

Um möglichst viele „Freunde“ zu finden, bietet Facebook die Möglichkeit, über die eigene E-Mail-Adresse Freunde zu finden. Hier werden die E-Mail-Kontakte für die weitere Nutzung von Facebook automatisch importiert und können anschließend vom Nutzer verwaltet werden. Damit entsteht eine erste Gruppe von Freunden. Da diese weitere E-Mail-Kontakte haben, erweitert sich der Kreis der Freunde.

Ein weiterer Punkt des Profils, der für die gewünschten Kontakte hilfreich sein kann, ist die Angabe von Interessen. Damit der Nutzer möglichst passgenau Freunde findet, die in etwa seinen Vorstellungen entsprechen und beispielsweise Hobbies oder Vorlieben teilen, fragt Facebook Interessen ab.

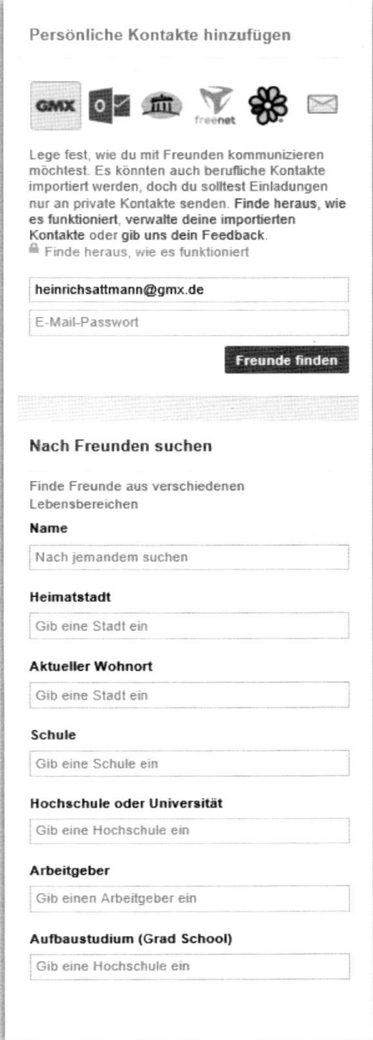

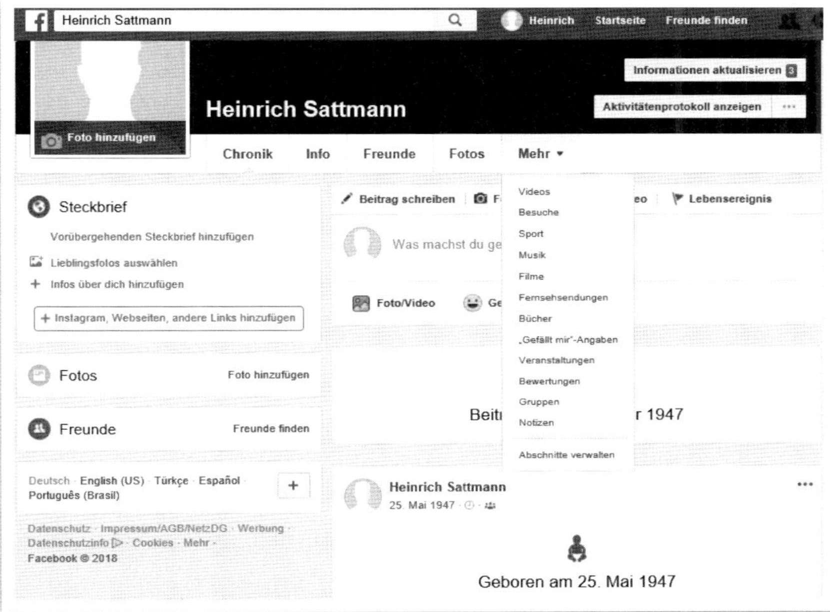

Ein genaueres Bild kann man sich machen, indem man den Button „mehr“ anklickt. Hier findet man einige Unterpunkte, die für die Beschreibung der eigenen Interessen hilfreich sind. Wenn hier die einzelnen Menüpunkte, zum Beispiel **Video, Sport, Musik, Filme, Bücher** bearbeitet werden, kann sich der Besucher der Facebook-Seite schon ein umfassendes Bild über die Person machen.

Als Beispiel ist hier der Bereich **Sport** vorgestellt. Über das Suchfeld **Suche nach deinen Lieblingsmannschaften** kannst du deinen Lieblingsverein finden und hinzufügen. Gleiches gilt für den Reiter **Sportler**.

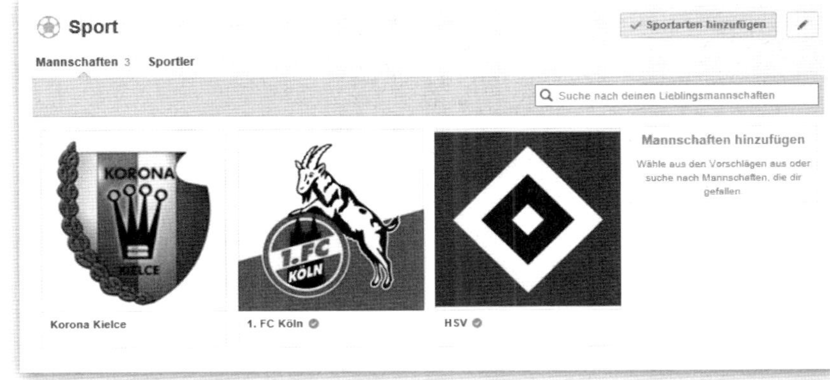

Bei allen Interessen bietet Facebook schon solch eine Vorauswahl unter den entsprechenden Reitern an, sodass die Auswahl vereinfacht wird.

Facebook – Überlegungen zur Sicherheit (1)

Da Facebook inzwischen zum Standard der aktuellen sozialen Netzwerke gehört, ist es auch besonders wichtig, sicher mit diesem Netzwerk umzugehen. Deshalb soll hier noch einmal auf ein paar Besonderheiten hingewiesen werden.

Fotos löschen

Manchmal ist es ratsam, bestimmte Fotos aus dem Netz zu nehmen. Denn man möchte beispielsweise bei einem Bewerbungsgespräch sicher nicht mit Fotos einer Party konfrontiert werden. Ein Foto lässt sich so löschen:

Gewünschtes Foto anklicken → unten rechts unter ***Optionen*** findest du die Möglichkeit ***Dieses Foto löschen***.

Markierung auf Fotos

Manchmal werden Fotos vom Strandurlaub oder von einer Party verschickt, auf denen man markiert worden ist, damit man in der Gruppe sofort erkennbar ist. Solche Bilder muss nicht unbedingt jeder sehen, z. B. nicht der Chef. Man kann folgende Einstellung vornehmen:

Einstellungen → ***Privatsphäre*** → ***Privatsphäre-Einstellungen und Tools*** → Dort unter ***Deine Aktivität*** einstellen, dass das Bild erst dann in der Chronik erscheint, wenn man dem auch zugestimmt hat.

Wer hat Zugriff auf meine Daten?

Als der Account eingerichtet wurde, wurden mehrere Einstellungen abgefragt, mit denen man darüber entscheiden konnte, wer z. B. die Daten einsehen darf: Alle – Freunde – Freunde von Freunden. Nachdem man sich nun schon länger mit Facebook befasst hat, sollte man die Einstellungen noch einmal überprüfen und ggf. auch ändern, um die Sicherheit zu erhöhen.

Dazu klickt man in der Menüzeile auf das letzte Symbol rechts, den Pfeil. Es öffnet sich ein Untermenü, in dem man seine Einstellungen noch einmal überprüfen und auch ändern kann.

Nutzer blockieren

Es kann sein, dass die häufigen Anfragen eines Nutzers stören oder man sich von ihm auch bedrängt fühlt. Dies kann so abgestellt werden:

Einstellungen → ***Blockieren*** → ***Personen blockieren*** und dann hier den entsprechenden Nutzer angeben.

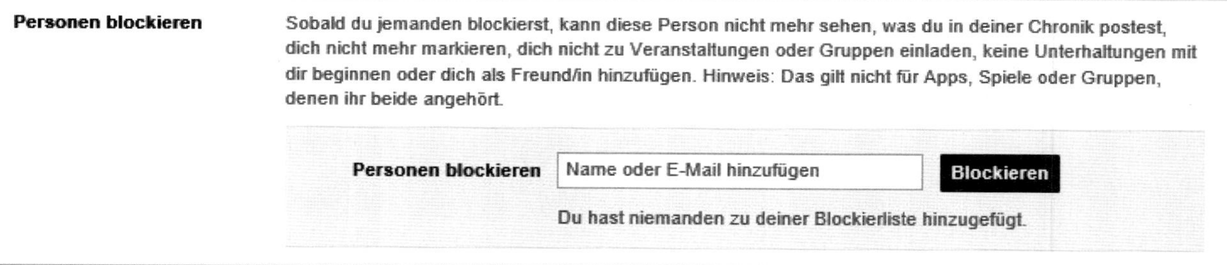

Facebook – Überlegungen zur Sicherheit (2)

Regelung für Minderjährige

Damit Jugendliche besser geschützt werden, erscheint bei der Erstellung des Accounts der Hinweis: *„Da du unter 18 bist, ergreifen wir zusätzliche Maßnahmen zum Schutz deiner Daten. Mehr dazu."*

Einzelheiten zu den verschiedenen Maßnahmen kann man nachlesen, wenn man ***Mehr dazu*** anklickt.

Konto deaktivieren

Es kann sein, dass man aus irgendeinem Grund eine gewisse Zeit nicht mehr in dem sozialen Netzwerk aktiv sein möchte. In diesem Fall hat man die Möglichkeit, sein Konto zu deaktivieren: ***Einstellungen → Allgemein → Konto verwalten***.

Dies hat den Vorteil, dass das Konto mit seinem gesamten Inhalt erhalten bleibt, sodass man später wieder darauf zurückgreifen kann.

Deaktiviere dein Konto

Durch die Deaktivierung deines Kontos wird dein Profil gesperrt und dein Name und Foto von den meisten Dingen, die du auf Facebook geteilt hast, entfernt. Manche Informationen können weiterhin für andere sichtbar sein, wie dein Name in deren Freundeslisten und Nachrichten, die du gesendet hast. **Erfahre mehr.**

Deaktiviere dein Konto.

Abmeldung/Löschen

Wenn man aus Facebook aussteigen möchte, so sind zwei Varianten möglich. Der Nutzer kann den Account einfach deaktivieren. Alle Daten bleiben erhalten, werden aber den Nutzern nicht mehr gezeigt. Man kann seinen Account später einfach wiederherstellen. Dies geht über die Schritte ***Allgemeine Kontoeinstellungen*** und ***Konto verwalten***.

Dein Konto löschen oder deaktivieren

Was ist der Unterschied zwischen dem Deaktivieren und dem Löschen meines Kontos?

Wie deaktiviere ich mein Konto?

Ich habe mein Konto deaktiviert. Wie kann ich es erneut aktivieren?

Wie lösche ich mein Konto dauerhaft?

Kann ich das Konto eines aus medizinischen Gründen arbeitsunfähigen Freundes oder Familienmitglieds entfernen?

Wenn der Nutzer seinen Account endgültig löschen möchte, wird man vergeblich nach einem entsprechenden Button suchen. Der Weg ist kompliziert, aber machbar. In der oberen Menüleiste klickt man auf das Fragezeichen (Schnellhilfe) und gibt im Suchfenster „Account löschen" ein. Unter ***Verwaltung deines Kontos*** findest du den Punkt ***Dein Konto löschen oder deaktivieren***.

Facebook – Eine Seite erstellen

Facebook gibt dem Nutzer nicht nur die Möglichkeit, mit Freunden Kontakt aufzunehmen; man kann im Rahmen seines Accounts auch eine eigene Seite erstellen. Den entsprechenden Punkt findet man dazu auf der Startseite im Menü.

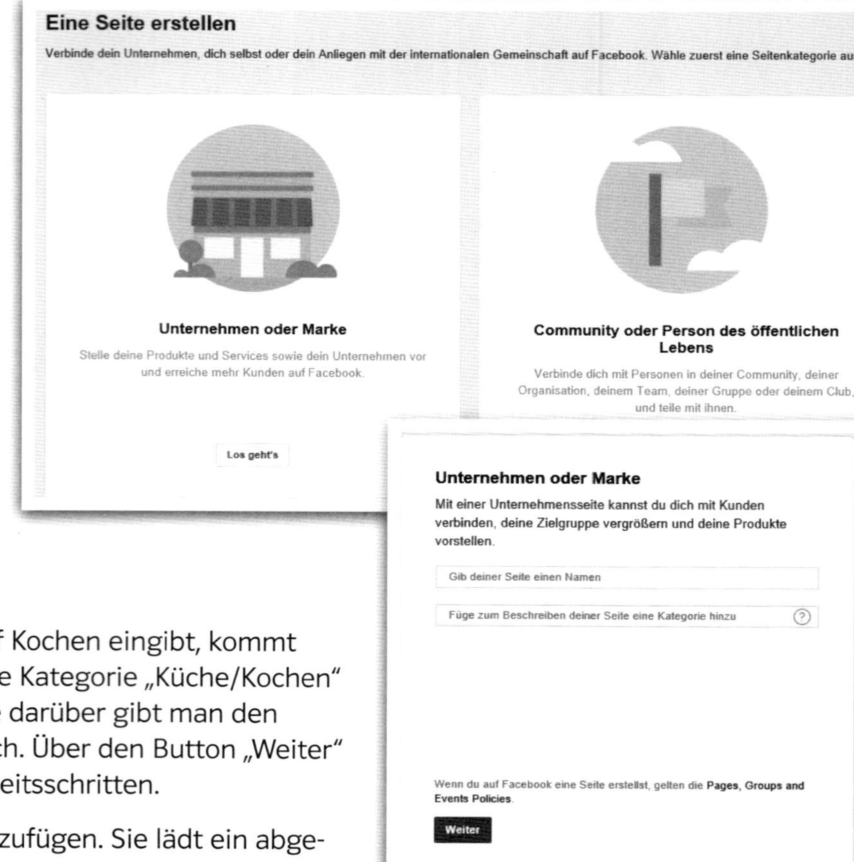

Wenn man hier klickt, erhält man ein Auswahlmenü, in dem Facebook einige mögliche Themenbereiche vorschlägt. Man muss nun natürlich wissen, zu welchem Thema man die eigene Seite erstellen möchte.

Ein Beispiel: Martina kocht sehr gern; deshalb soll die Seite unter diesem Thema stehen.

Wenn man unter Kategorie den Begriff Kochen eingibt, kommt der Vorschlag, dass dieses Thema in die Kategorie „Küche/Kochen“ passt und klickt es an. In die freie Zeile darüber gibt man den Namen seiner Seite ein, z. B. Hobbykoch. Über den Button „Weiter“ kommt man zu den nächsten zwei Arbeitsschritten.

Martina soll zunächst ein Profilbild hinzufügen. Sie lädt ein abgespeichertes Foto hoch.

Die Seite soll ein Titelbild erhalten. Dies muss man vorher abgespeichert haben; dann wird es hochgeladen. Martinas Facebook-Seite könnte jetzt so aussehen:

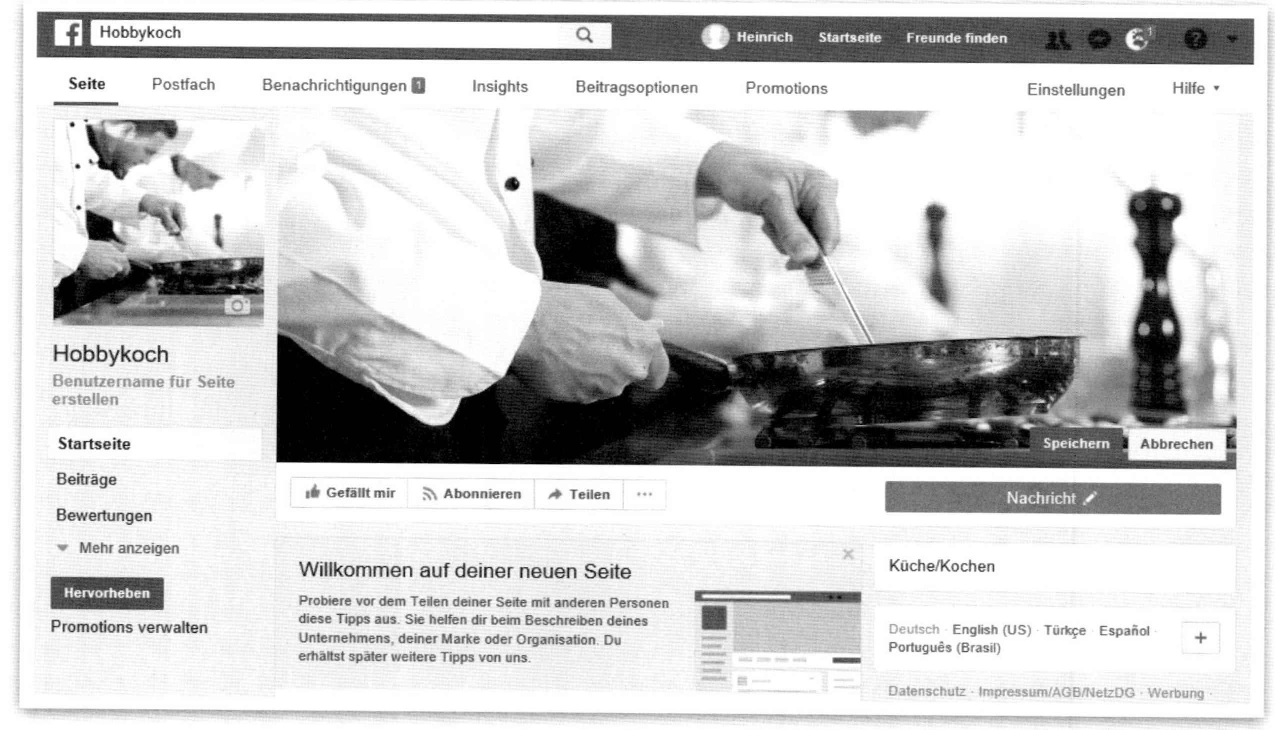

LizzyNet – Informationen

Eine Besonderheit unter den Community-Angeboten stellt LizzyNet dar. LizzyNet richtet sich ausdrücklich nur an Mädchen und junge Frauen.

Wesentlicher Unterschied zu den sonstigen sozialen Netzwerken ist, dass hier über eine Handynummer das Passwort verschickt wird. Erst danach kann die Nutzerin Zugang zum Netzwerk erhalten. Positiv ist auch zu vermerken, dass im ersten Schritt die Geschäftsbedingungen akzeptiert werden müssen, die sonst oft auf den Anmeldeseiten versteckt sind.

Von 2000 bis Ende 2007 wurde LizzyNet als Projekt des Vereins Schulen ans Netz aus Mitteln des Bundesministeriums für Bildung und Forschung und dem Europäischen Sozialfonds finanziert. Vom 1.1.2008 bis 31.12. 2009 wurde das Projekt als LizzyNet GmbH & Co.KG (und 100%-Tochter des Verlags M. DuMont Schauberg) in die Wirtschaft überführt. LizzyNet ist nun ein Projekt der LizzyNet GmbH mit Sitz in Köln.

Die Nutzerin wird auf der Startseite ausdrücklich darauf hingewiesen, dass sie unbedingt die Geschäftsbedingungen lesen sollte, bevor die weiteren Schritte gemacht werden. Auf der Startseite wird die Jugendliche auf die verschiedenen Bereiche von LizzyNet hingewiesen:

Magazin, Mach mit, Berufswelt, Mintrelation und **Service.**

Im Bereich ***Magazin*** findet die Jugendliche Informationen aus den Bereichen, die Jugendliche Interessieren, z. B. Körper & Geist, Politik & Umwelt, Netz & Multimedia, u. v. a.

Im Bereich ***Mach mit!*** gibt es Hinweise auf Schreib- und Kreativwettbewerbe, die für Jugendliche interessant sein können.

Außerdem gibt es die Rubriken ***Schreib mit!*** und ***Glückwunsch***.

Der Bereich ***Berufswelt*** bietet vielfältige Hinweise über Berufe. So z. B. unter dem Thema ***Was macht eigentlich eine…?*** oder ***Berufswahl & Praktikum***.

In der Rubrik ***Mintrelation*** gibt es viele Hinweise auf Berufe in dem weiten Feld der Mathematik, Informatik, Naturwissenschaften und Technik. Mädchen sollen für dieses Berufsfeld motiviert werden. Sie finden hier u.a. eine Übersicht über ***Veranstaltungen*** zu diesem Themenbereich. Weiter gibt es eine Übersicht über ***Partner und Beteiligte***.

Über LizzyNet bietet Informationen u. a. über das ***Werben auf LizzyNet*** oder Informationen zu diesem Netzwerk.

Auch ein Hinweis zur LizzyNet-App ist gegeben.

LizzyNet – Die Community für Mädchen

Über den Button ▸ COMMUNITY gelangt man in die Community. Um in diesen Bereich zu gelangen, muss sich das Mädchen registrieren und die AGB akzeptieren.

Foren

In den LizzyNet-Foren kann man sich über alle möglichen Themen mit Gleichgesinnten austauschen: über Computerprobleme, Probleme bei Freundschaften, gesellschaftliche Probleme.

Homepage

Es ist auch möglich, eine eigene Homepage zu erstellen; hier kann man sich selbst oder z. B. sein Hobby vorstellen.

Wettbewerbe

Regelmäßig wird auf Wettbewerbe hingewiesen, die für Mädchen von Interesse sein könnten.

Im unteren Bereich der Seite findet sie dann die Bereiche, in denen sie sich weiter orientieren kann und für die Kommunikation in den sozialen Netzwerken wichtig sind.

Diese Bereiche erklären sich selbst.

Damit hat ein Mädchen alle Möglichkeiten, die es für eine Kommunikation in einem sozialen Netzwerk benötigt.

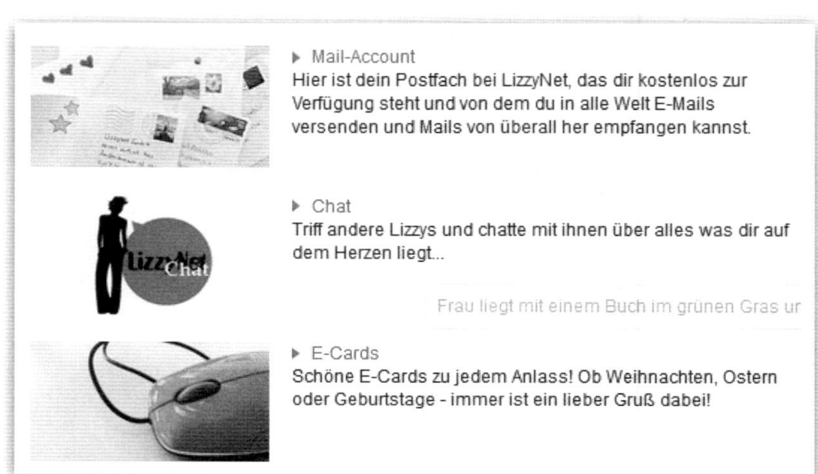

Hier noch weitere Funktionen, die zur Verfügung stehen.

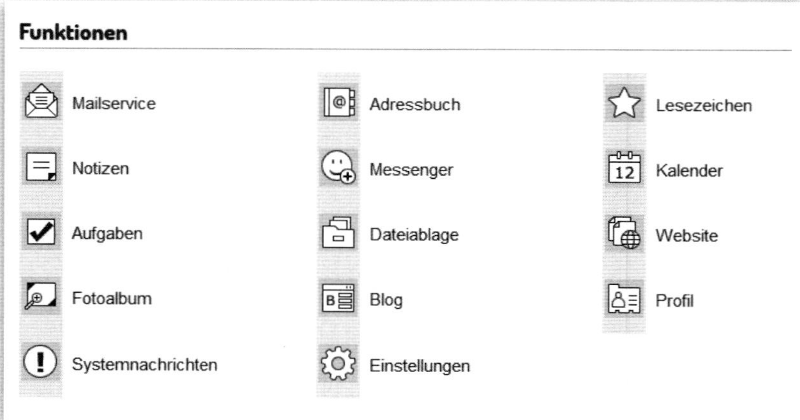

LizzyNet – Informationen für Eltern

Das soziale Netzwerk LizzyNet legt Wert darauf, dass es sich um ein pädagogisch unterstütztes Netzwerk handelt. Dies ist aus der Entstehungsgeschichte des Netzwerkes heraus gut zu verstehen. So ist es nicht verwunderlich, dass auf jeder Seite – wenn auch klein im unteren Rand platziert – der Hinweis auf Informationen für Eltern ***(Über LizzyNet → Eltern & Pädagoginnen)*** erscheint.

Die Redaktion stellt die folgenden Aspekte besonders hervor:

SECHS MERKMALE ZEICHNEN LIZZYNET AUS:

- **LizzyNet wird pädagogisch betreut**
  In der Redaktion von LizzyNet arbeiten (Medien)-Pädagoginnen. Alle Angebote werden von ihnen konzipiert und kontinuierlich betreut.
- **LizzyNet kooperiert mit pädagogischen Institutionen**
  Die Anregung vielfältiger Kooperationen mit Schulen und Jugendeinrichtungen ist ein wesentlicher Schwerpunkt der Arbeit von LizzyNet. Viele Kooperationsprojekte von LizzyNet werden von Pädagogen und Pädagoginnen mitbetreut.
- **LizzyNet wird kontinuierlich kontrolliert**
  Alle interaktiven Angebote von LizzyNet wie z.B. Chatrooms oder Themenforen werden von der LizzyNet-Redaktion kontinuierlich auf jugendgefährdende Inhalte hin überprüft (z.B. auf pornographische, rassistische, sexistische Inhalte). Sollten trotz ständiger Kontrolle sittenwidrige Äußerungen oder sogar Belästigungen auftreten, informieren Sie die LizzyNet-Redaktion bitte umgehend!
- **LizzyNet legt großen Wert auf Sicherheit**
  Viele Angebote von LizzyNet (z.B. der Chat und die Themenforen) sind nur für Mädchen bestimmt und daher nur über eine Mitgliedschaft bei LizzyNet zu erreichen. Im Rahmen der Anmeldung bei LizzyNet bekommt ihre Tochter eine eigene E-Mail-Adresse. Dadurch wird die Anonymität ihrer Tochter bewahrt. Ihre Tochter kann jederzeit auf ihre E-Mail-Adresse zugreifen und diese kündigen.
- **LizzyNet unterliegt dem Datenschutzgesetz**
  Persönliche Angaben, z.B. Handynummer, Name, Wohnort oder Geburtsdatum, werden zur Sicherheit im Rahmen der Anmeldung erfragt. Alle Daten werden gemäß Bundesdatenschutzgesetz vertraulich behandelt. Die LizzyNet-Betreiber versichern, persönliche Daten nicht weiterzugeben. Ausnahmen bilden strafrechtliche Untersuchungen. Hierfür werden nur solche Informationen weitergegeben, zu denen LizzyNet gesetzlich verpflichtet ist.
- **Entstanden aus öffentlicher Förderung**
  LizzyNet war in den Jahren 2000 bis Ende 2007 ein Projekt des Schulen ans Netz e.V. Das Projekt wurde aus Mitteln des Bundesministeriums für Bildung und Forschung und des Europäischen Sozialfonds finanziert und wird nun getragen von der Betreibergesellschaft LizzyNet gGmbH. Die Mitgliedschaft ist kostenlos!

- LizzyNet wird pädagogisch betreut
- LizzyNet kooperiert mit pädagogischen Institutionen
- LizzyNet wird kontinuierlich kontrolliert
- LizzyNet legt großen Wert auf Sicherheit
- LizzyNet unterliegt dem Datenschutzgesetz
- Entstanden aus öffentlicher Förderung

Damit haben Eltern die Möglichkeit, sich umfassend über diese Community zu informieren und deren Zielsetzung und Arbeitsweise kennen zu lernen. Damit ist eine gute Grundlage für ein Gespräch mit der Tochter in der Familie geschaffen.

Schließlich wird an dieser Stelle auch der weitere Hinweis an die Eltern über die Sicherheit im Internet gegeben, indem ein Link auf die Seite http://jugendschutz.net genannt wird. Auch gibt es weitere Hinweise darauf, welche Angaben die Mädchen machen dürfen und auf keinen Fall machen sollten.

Hast du heute schon „getwittert“?

Eine weitere Möglichkeit, im Web 2.0 zu kommunizieren, ist die Plattform Twitter. In Wikipedia findet man folgende Definition:

> *„**Twitter** ist ein Mikrobloggingdienst des Unternehmens Twitter Inc. Auf Twitter können angemeldete Nutzer telegrammartige Kurznachrichten verbreiten. Die Nachrichten werden „Tweets“ (von englisch tweet „zwitschern“) genannt.*
>
> *Twitter wurde im März 2006 unter dem Namen „twttr“ gegründet und gewann weltweit rasch an Popularität: (…)“*

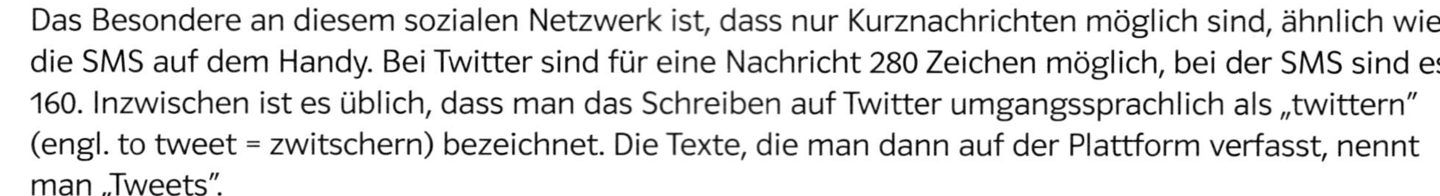

Das Besondere an diesem sozialen Netzwerk ist, dass nur Kurznachrichten möglich sind, ähnlich wie die SMS auf dem Handy. Bei Twitter sind für eine Nachricht 280 Zeichen möglich, bei der SMS sind es 160. Inzwischen ist es üblich, dass man das Schreiben auf Twitter umgangssprachlich als „twittern“ (engl. to tweet = zwitschern) bezeichnet. Die Texte, die man dann auf der Plattform verfasst, nennt man „Tweets“.

Institutionen, Personen, Vereine, usw. stellen auf der Plattform vielfältige Informationen zur Verfügung, die dann in Twitter von den Nutzern kommentiert werden können. So erreicht man z. B.

- Die Bundesregierung
- Politische Parteien
- Musikgruppen
- Bahn, Flugunternehmen, Reiseveranstalter
- Sportvereine

Auf diesem Screenshot kann man die Aufteilung von Twitter-Seiten gut erkennen.

Es ist die Twitter-Seite vom Hamburger SV (linke Seite und Mitte); auf der rechten Seite findet man Vorschläge zu weiteren Vereinen, die einen interessieren könnten. Darunter werden weltweite aktuelle Trends gezeigt.

Twitter – Anmelden und registrieren

Wie bei allen Plattformen ist es notwendig, sich zu registrieren. Dazu meldet man sich bei www.twitter.com an. So oder ähnlich sieht die Startseite aus.

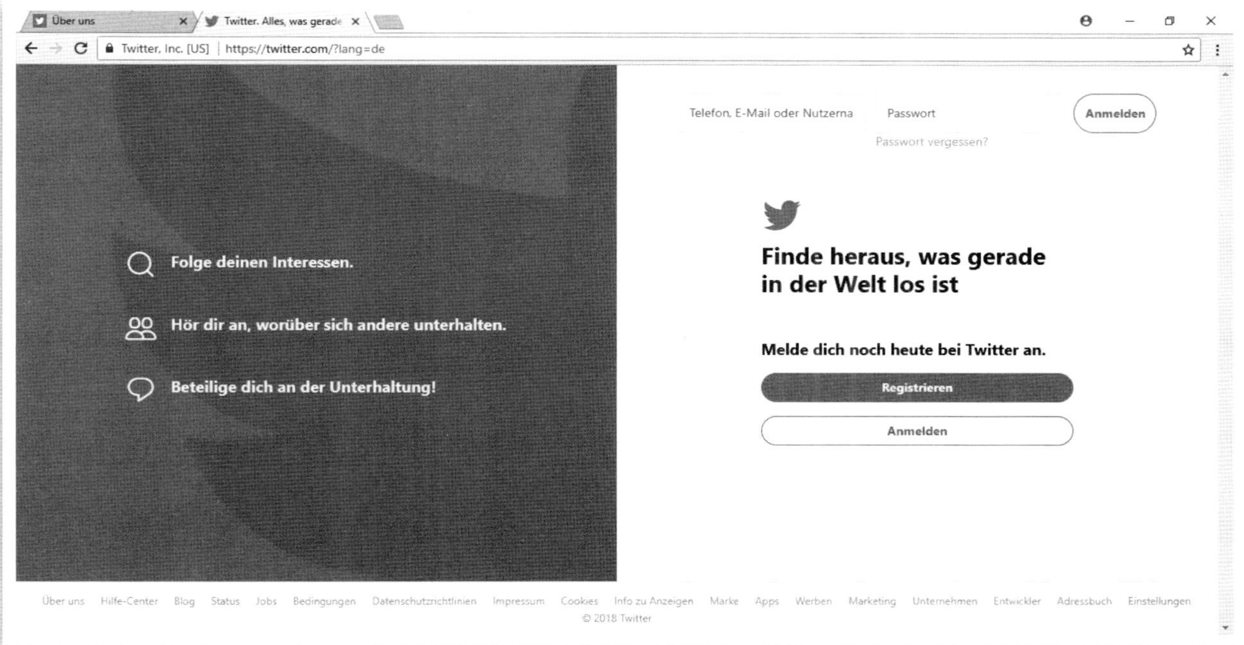

Da man noch keinen Account hat, muss man sich zunächst registrieren. Dazu füllt der Nutzer die Angaben unter ***Registrieren*** aus: Name, Telefon oder E-Mail-Adresse.

Dann wird man auf der nächsten Seite gefragt, ob du anderen Nutzern erlauben möchtest, dass diese dich über deine E-Mail-Adresse bei Twitter finden dürfen.

Auch wird gefragt, ob du E-Mails über deine Aktivitäten bei Twitter und Empfehlungen bekommen möchtest. Als Letztes wird gefragt, ob dir personalisierte Anzeigen angezeigt werden dürfen.

Schließlich wird über ***Registrieren*** das Konto erstellt. Du musst noch ein (sicheres!) Passwort eingeben.

Jetzt kannst du Interessen angeben u. a. aus den Bereichen Sport, Städte, Nachrichten.
Dir werden im nächsten Schritt Personen vorgestellt, die für dich interessant sein könnten.
Die letzten beiden Schritte kannst du überspringen.

Twitter – Timeline und Tweet

Jetzt erscheint diese Seite, die **Timeline**.

Unter der Menüleiste findet man in dem Feld oben links Angaben über sich.

In dem Feld darunter werden Trends gezeigt, also aktuelle Themen, die vielleicht von Interesse für den Nutzer sind.

Auf der rechten Seite findet man Vorschläge, wem man folgen könnte. Möchte man jemandem aus der vorgeschlagenen Liste folgen, so klickt man auf den Button ***Folgen***. Der Button wird jetzt blau und es steht dann dort ***Folge ich***.

Den größten Teil der Seite nehmen die „Tweets", also die Mitteilungen ein, die in der zeitlichen Abfolge des Erscheinens aufgelistet werden.

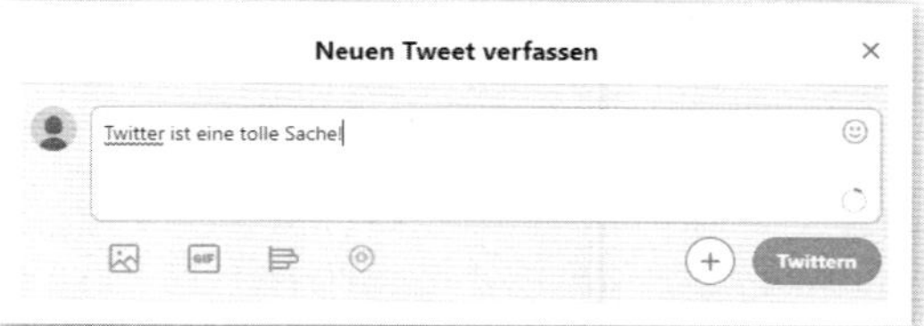

Man möchte selbst aktiv werden und eine Nachricht – einen Tweet – verfassen. Dazu klickt man auf ***Twittern*** in der Menüleiste oben rechts. Es öffnet sich ein Schreibfeld, in dem man nun eine Textnachricht verfassen kann. Unten rechts im Textfenster kann man sehen, wie viele Zeichen noch übrig sind; ein kleiner Kreis zeigt den Fortschritt an. 280 Zeichen sind schnell verbraucht!

Wenn man einer Nachricht ein Foto oder ein Video zufügen möchte, klickt man auf das Fotosymbol und sucht dann das entsprechende Foto aus. Auch ein Gif oder eine Umfrage können eingebunden werden.

Über letzten Button kann man Twitter ermöglichen, eine Ortsangabe zu verwenden. Diese Option ist standardmäßig ausgeschaltet. Dabei muss man bedenken, ob man anderen diese Information mitteilen möchte.

Mit dem Klick auf den Button ***Twittern*** wird die Nachricht verschickt.

Noch zwei wichtige Dinge für die Tweets.

Wenn man eine Nachricht an eine bestimmte Person, die man bereits bei Twitter kennt, schicken möchte, so tippt man zuerst **@** und sofort dahinter den Benutzernamen.

Wenn man ein Hashtag **#** vor ein Wort setzt, so wird aus diesem Wort ein Schlagwort. Die Twitternachricht könnte z. B. so aussehen: „In der *#Bundesliga* ist der *#HSV* mein Lieblingsverein." Damit sind **Bundesliga** und **HSV** Schlagworte geworden. Über diese Schlagworte kann man den Beitrag zu diesem Thema leichter finden.

Twitter – Antworten – Retweet

Wahrscheinlich möchte man auf einen interessanten Tweet antworten. Unter jedem Tweet erscheinen diese vier Zeichen, die folgende Bedeutungen haben: ***Antworten, Retweeten, Gefällt mir*** und ***Direktnachricht:***

Wenn man dem Verfasser auf seinen Tweet antworten möchte, klickt man auf Antworten und es öffnet sich darunter ein Feld, in dem man seine Antwort eingeben kann.

Eine weitere Möglichkeit ist der Menüpunkt **Retweeten.** Hier kann der Nutzer die Nachricht, die ihn interessiert, auch an seine Follower (Personen, die ihm folgen) weiterleiten; dabei kannst du einen Kommentar hinzufügen.

Wenn dem Nutzer ein Tweet gefällt, kann er diesen durch Anklicken von **„Gefällt mir"** hervorheben. Dies verändert dann das Aussehen, das Herz füllt sich.

Hinter dem Rollpfeil verstecken sich diese Möglichkeiten:

- Link zum Tweet kopieren
- Tweet einbetten
- stumm schalten
- blockieren
- Tweet melden
- Mir gefällt dieser Tweet nicht

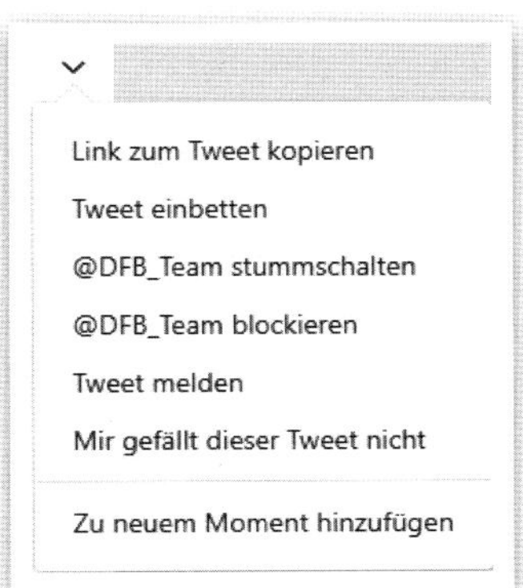

Der Bedeutung wegen wird nur auf die beiden wichtigsten Möglichkeiten eingegangen:

Blockieren. Es kann sein, dass man auf Dauer von Tweets eines bestimmten Account genervt ist. Diese Adresse kann man auf diese Art blockieren.

Melden. Es kann auch vorkommen, dass man sich über einen Tweet (wegen Inhalt oder Bilder) beschweren möchte. Damit Twitter über solche Fälle informiert ist und gegen solche Nutzer vorgehen kann, gibt es diese Möglichkeit.

Twitter – Einstellungen

In der Menüleiste findet man den Punkt ***Profil und Einstellungen***. Wenn man hier klickt, erhält man folgende Auswahl; aus diesem Menü werden aber nicht alle Punkte behandelt.

Twitter durchsuchen
Twittern

Profil
Listen
Moments
Twitter Ads
Analytics
Einstellungen und Datenschutz
Hilfe-Center
Tastaturkürzel
Abmelden
Nachtmodus

Listen: Über Listen kann man Nutzer zu einem bestimmten Thema leichter finden. Dazu legt man eine Liste an. Wenn man den Menüpunkt ***Listen*** anklickt, öffnet sich ein Untermenü, in dem man den Namen der Liste angibt und aussucht, ob die Liste öffentlich oder privat sein soll.

Dann erhält man diesen Bildschirm, mit dem nun Leute gefunden werden sollen, die sich für die gerade erstellte Liste interessieren könnten.

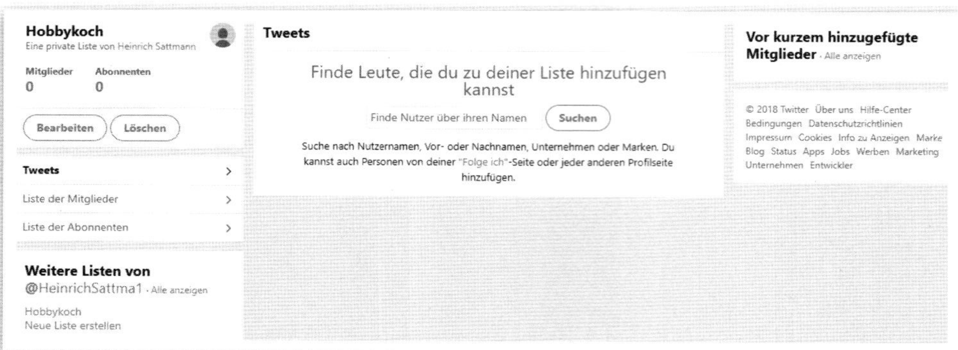

Einstellungen und Datenschutz: Über diesen Menüpunkt hat man die Möglichkeiten, die Einstellungen, die man bei der Registrierung vorgenommen hat, zu ändern oder zu ergänzen. Die Liste ist sehr lang, erklärt sich aber selbst.

Account
Datenschutz und Sicherheit
Passwort
Mobiltelefon
E-Mail-Mitteilungen
Mitteilungen
Web-Mitteilungen
Freunde finden
Stummgeschaltete Accounts
Stummgeschaltete Wörter
Blockierte Accounts
Apps
Widgets
Deine Twitter Daten
Barrierefreiheit

Bei allen Einstellungen sollte man darauf achten, dass ein hoher Wert auf die Sicherheit gelegt wird. Immer wieder liest man von missbräuchlicher Nutzung von Daten, die andere im Netz entdeckt haben.

Schließlich noch ein Hinweis auf die Möglichkeit, **Direktnachrichten** zu schreiben. Über diesen Button [Nachrichten] in der Menüleiste hat man die Möglichkeit, über Twitter Nachrichten zu versenden. Nach einem Klick auf den Button öffnet sich dieses Fenster. Wenn man die blaue Fläche anklickt, erscheint ein neues Fenster, in dem man zunächst die Twitter-Adresse des Empfängers eingibt, dann den Text der Kurznachricht.

Neue Nachricht

Nachricht senden an:

Einen Namen eingeben

Abmelden: Mit dem letzten Punkt in dem Menü ***Profil und Einstellungen → Abmelden*** meldet man sich von Twitter ab.

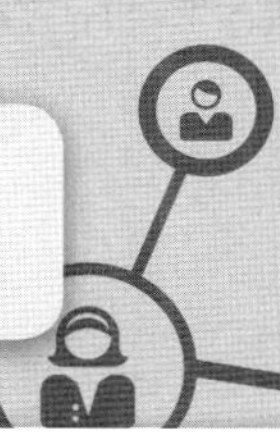

Google+ – ein weiteres soziales Netzwerk

Google ist als Suchmaschine bekannt; oft verwendet man für das Suchen im Netz heute schon das Wort „googeln", so geläufig ist Google inzwischen. Einige Nutzer haben vielleicht auch einen E-Mail-Account bei Google, z. B. *fritz.müller@googlemail.com* oder auch *petra.mult@gmail.com*. Um sein Angebot zu vervollständigen, hat Google im Jahre 2011 ein soziales Netzwerk gegründet, das inzwischen zu einer ernsthaften Konkurrenz von Facebook geworden ist. Deshalb soll es auf den folgenden Seiten kurz vorgestellt werden.

Wie bei allen anderen sozialen Netzwerken muss man dich zuerst anmelden. Dazu geht man auf folgende Seite:

https://plus.google.com

Der Nutzer klickt auf den Button „Konto erstellen" und erhält nun das nebenstehende Bild. Hier trägt er alle wichtigen Daten ein: Vorname und Nachname; daraus ergibt sich automatisch die Emailadresse. Das Passwort wird zur Kontrolle noch einmal wiederholt und man gelangt auf die nächste Seite.

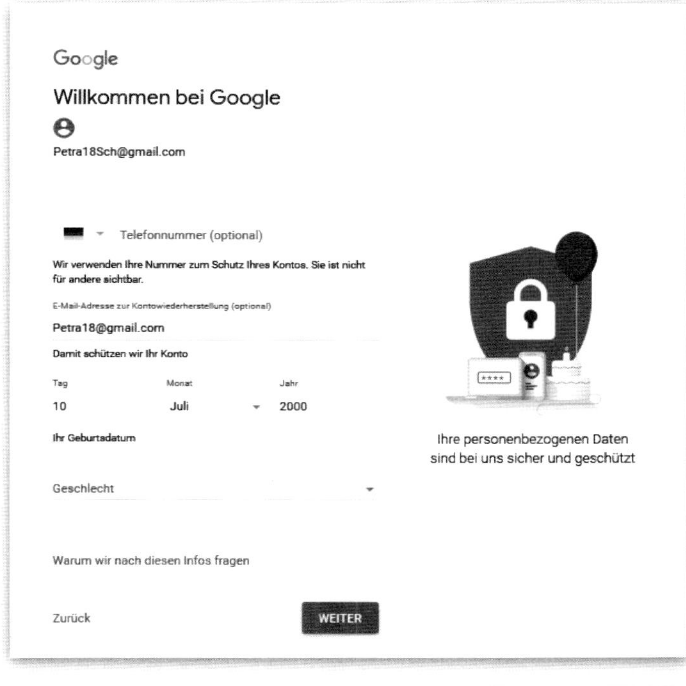

Man sollte an dieser Stelle darauf achten, welche Daten man eingibt. Wahrscheinlich möchte man mit seinem Namen im Netz gefunden werden. Es ist aber schon zu überlegen, ob man die Nummer seines Telefons angibt, die angeblich aus Sicherheitsgründen abgefragt wird.

Schließlich wird noch nach dem Geburtsdatum und dem Geschlecht gefragt, bevor es auf die nächste Seite geht.

Nun kommen die Bedingungen zum Datenschutz. Allerdings hat der Nutzer im weiteren Verlauf die Möglichkeit, einzelne Aktivitäten von Google zu unterbinden. Hier sollte der Nutzer in jedem Einzelfall genau überlegen, wie er sich entscheidet.

Die Datenschutzerklärung muss auf jeden Fall mit einem Häkchen akzeptiert werden.

Google+ – Profil und Oberfläche

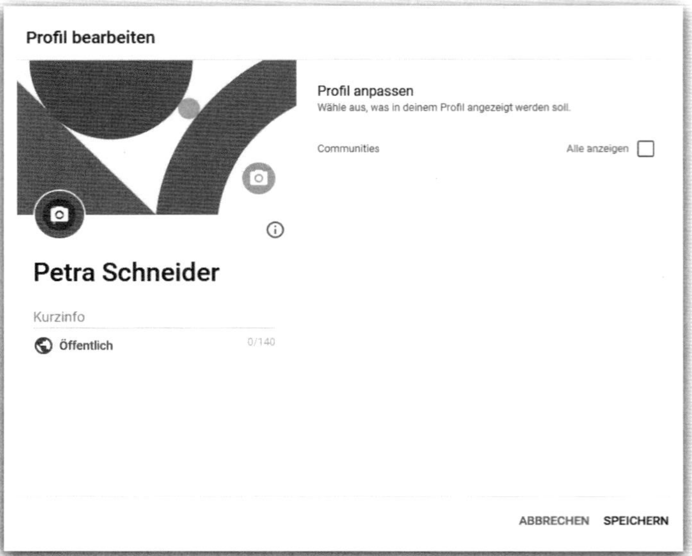

Im nächsten Schritt erstellt der Nutzer sein Profil und entscheidet damit, wie er sich im Netzwerk präsentiert.

Nun öffnet sich die Oberfläche von Google+.

Hier zunächst einige Punkte im Überblick.

Oben rechts findet man in einem Kreis den Anfangsbuchstaben seines Namens. Wenn man auf ihn klickt, erhält man die Informationen zu seinem Konto und kann das Profil bearbeiten. Hier meldet man sich auch ab, wenn man das Netzwerk beenden möchte.

Die Glocke daneben zeigt an, ob neue Nachrichten vorliegen. Sie ist dann rot.

Über das Feld links daneben erreicht man die gesamte Palette der Google-Apps.

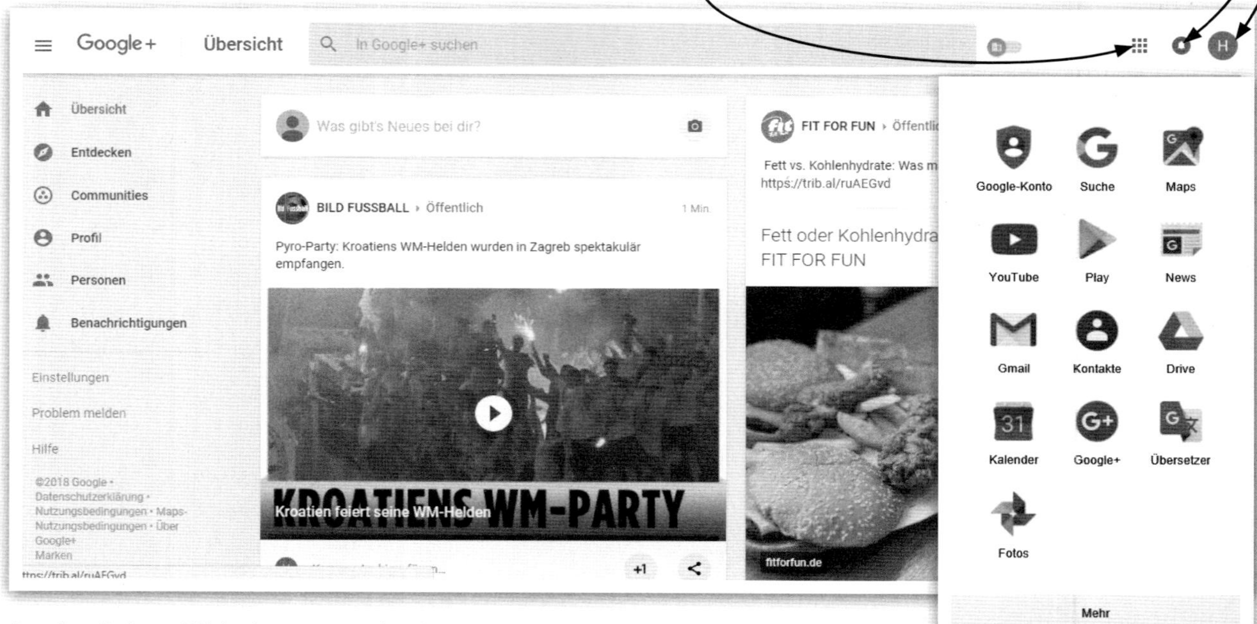

An der linken Bildschirmseite findet man das Hauptmenü mit dem Punkten ***Übersicht***, ***Entdecken***, ***Communities***, ***Profil***, ***Personen*** und ***Benachrichtigungen***. Außerdem stehen dem Nutzer noch die Menüpunkte ***Einstellungen***, ***Problem melden*** und ***Hilfe*** zur Verfügung.

Google+ – der Stream

Die Oberfläche bei Google+ wird auch „Stream“ genannt. Über die Buttons auf der linken Seite navigiert man im Netzwerk. Beim Start öffnet automatisch die Seite ***Übersicht***. Wenn man auf den Button ***Entdecken*** klickt, erscheint dieses Bild.

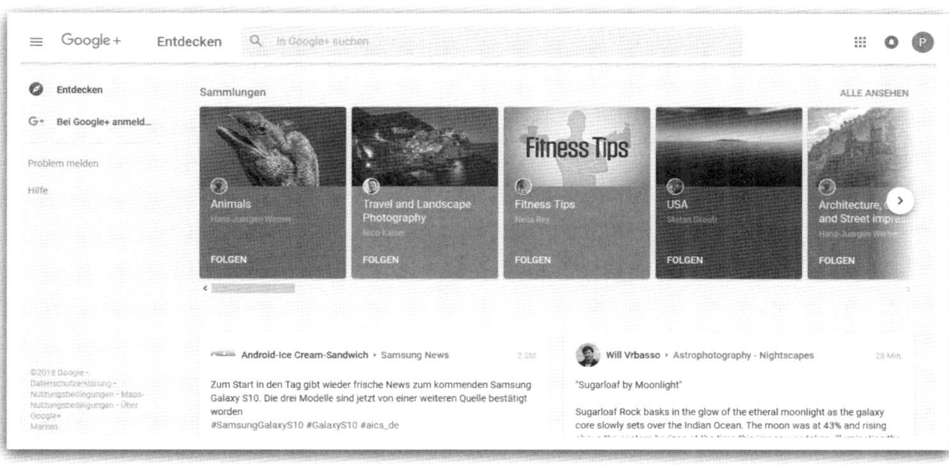

Hier werden Sammlungen zu den unterschiedlichsten Themen vorgeschlagen.

Wenn man ein Thema gefunden hat, das interessiert, klickt man auf die Kachel und erhält weitere Informationen zu diesem Thema.

Wenn mir das Thema zusagt, klicke ich auf den Button ***Folgen***; nach kurzer Zeit ändert sich der Button und zeigt, dass man nun dieser Sammlung folgt.

Die Artikel können anschließend bewertet werden. In der oberen rechten Ecke kann man sehen, dass der Artikel ins Netz gestellt wurde. Wenn man mit der Maus über diese Angabe geht, erhält man zwei Zeichen.

Über das linke Zeichen bekommt man die Möglichkeit, einen Kommentar zu schreiben. Über das rechte Zeichen erhält man die Möglichkeiten „Ignorieren“ und „Missbrauch melden“.

Am unteren Rand des Eintrags befinden sich ebenfalls zwei Buttons. Der linke Button entspricht in etwa dem „Gefällt mir“ bei Facebook, indem man mitteilt, dass der Artikel gefallen hat. Über die rechte Schaltfläche hat man wieder die Möglichkeit, einen Kommentar zu verfassen.

Google+ – weitere Funktionen

Eine weitere wichtige Funktion findet man auf der linken Seite mit dem Button ***Communities***.

Da noch keine Communities gebildet sind, geht man über den Button ***Entdecken***.

Man sucht eine Sammlung, ein Thema aus, über das man mit anderen kommunizieren möchte. Einigen Communities kann man sofort beitreten ***(Beitreten)***, bei anderen muss man eine Anfrage stellen ***(Beitrittsanfrage stellen)*** und kann dort erst nach einer Bestätigung beitreten.

Nach dem Beitritt zur gewünschten Community, erhält man eine Bestätigung und kann sich informieren und kommunizieren.

Dazu muss man Personen suchen, mit denen Kontakt aufnehmen werden soll. Dazu klickt man am linken Rand auf den Button ***Personen*** und erhält dieses Bild:

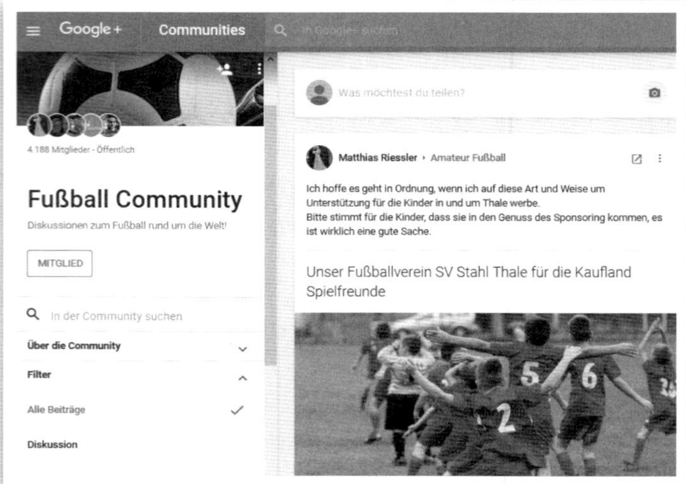

Hier kann ich gezielt nach Personen suchen (PERSONEN SUCHEN), sehen, mit welchen Personen ich Kontakt habe (FOLGE ICH) oder wer meinen Communities/Sammlungen folgt. (FOLLOWER).

Unter dem Button ***Folge ich*** zeigt Google+ die Personen an, die bei Google+ angemeldet sind. Durch Anklicken der Bildbuttons erhält man detaillierte Informationen über diese Person.

Über den Button ***Einstellungen*** können jederzeit die Funktionen von Google+ nach eigenen Wünschen geändert werden; schließlich findet man dort auch den Punkt ***Konto löschen.***

Allgemein

Wer kann mir Benachrichtigungen senden? – Erweiterte Kreise
Weitere Informationen

Wer kann meine öffentlichen Beiträge kommentieren? – Alle
Weitere Informationen

Wer kann sehen, wenn ich +1 für Beiträge gebe? – Nur für mich
Weitere Informationen

Mit deinem Aktivitätsprotokoll behältst du deine +1-Empfehlungen, Beiträge, Kommentare und mehr im Blick

Auf Google+ geteilte Fotos und Videos

Aufnahmeorte standardmäßig anzeigen, wenn ich Google+ Alben teile
Weitere Informationen

Betrachter dürfen meine Fotos und Videos herunterladen, die ich auf Google+ geteilt habe.

Meine öffentlich auf Google+ geteilten Fotos nicht als Hintergrundbilder in Google-Produkten und -Diensten verwenden
Weitere Informationen

Instagram – Netzwerk nur für Fotografen?

Instagram ist in erster Linie als ein soziales Netzwerk bekannt, das den Schwerpunkt auf Fotos legt. Dabei ist es aber nicht so, dass Instagram nur von Fotografen genutzt wird, sondern auch von „normalen" Nutzern, die ihre Erlebnisse, ihre Umgebung oder sich selbst mithilfe der eigenen Fotos anderen mitteilen wollen.

Die Geschichte dieses Netzwerkes begann im Jahre 2010. Heute gibt es diese App auf allen drei bekannten Betriebssystemen für Smartphones: iOS, Android und Windows Phone. Während im Jahr 2011 ca. 1 Mio. Nutzer bei Instagram registriert waren, sind es nach Angaben von Mark Zuckerberg im Jahr 2015 inzwischen mehr als 300 Millionen. Dieser rasante Anstieg ist unter anderem auch darin begründet, dass das Netzwerk im Jahr 2012 von Facebook übernommen wurde.

Was macht das Besondere an Instagram aus? Auch in anderen Netzwerken ist es für die Nutzer möglich, eigene Bilder zu bearbeiten und hochzuladen. In Anlehnung an die Kodak Instamatic- und Polaroid-Kameras haben die Bilder und Videos auf Instagram ein quadratisches Format. Auch die Videos haben in diesem Netzwerk das quadratische Format. Inzwischen ist es möglich, Fotos auch in einem rechteckigen Format zu bearbeiten.

Instagram verfügt über mehrere Bearbeitungsmöglichkeiten, die leicht anzuwenden sind. Dadurch lassen sich die Bilder nach eigenem Geschmack verändern und auch optisch verbessern. Inzwischen bietet Instagram viele Filter für Fotos und ausreichend Möglichkeiten für Videos an. So kann der Nutzer z. B. eine Fotostrecke ins Netz stellen, in der er sein Hobby oder seine Heimatstadt vorstellt.

Wie bei allen sozialen Netzwerken ist zunächst eine Registrierung erforderlich. Dabei hat man zwei Möglichkeiten:

1. Man meldet sich mit seiner E-Mail-Adresse und einem Passwort an.
2. Man meldet sich mit seinem Facebook-Account an.

Danach wird man gefragt, welchen Personen man folgen möchte; dies ist wichtig, weil man so erste Kontakte für seine Fotos (oder Videos) knüpft.

Genauso kann man sich aber für Beiträge entscheiden, die zum eigenen Profil passen oder für die man sich einfach interessiert.

Danach besteht die Möglichkeit, das eigene Profil zu bearbeiten. Dieser Schritt kann aber jederzeit auch später wieder aufgerufen werden.

Instagram

Mit Facebook anmelden

ODER

Handynummer oder E-Mail-Adresse

Vollständiger Name

Benutzername

Passwort

Weiter

Durch deine Registrierung stimmst du unseren **Nutzungsbedingungen** zu. In unserer **Datenrichtlinie** erfährst du, wie wir deine Daten erfassen, verwenden und teilen. Unsere **Cookie-Richtlinie** erklärt, wie wir Cookies und ähnliche Technologien verwenden

Du hast ein Konto? Melde dich an.

Instagram – Übersicht

Nachdem man sich registriert und sein Profil angelegt hat, gelangt man nun auf die eigentliche Startseite. Allerdings ist man als Nutzer schon einige Male angeregt worden, ein erstes Foto zu teilen, indem man auf das Kamerasymbol klickt.

Die Symbole am unteren Bildschirmrand weisen auf folgende Funktionen hin.

❶ Man kehrt zurück zum Startbildschirm.

❷ Suchen. Hier kann man nach Personen oder Beiträgen suchen.

❸ Über diese Funktion teilt man ein Foto (Video) oder man bearbeitet es.

❹ Aktivitäten. Hier kann man sehen, wer Beiträge kommentiert hat.

❺ Über diesen Button kann man sein Profil bearbeiten.

Die einzelnen Menüpunkte der Option „Profil bearbeiten" erklären sich weitgehend selbst, sodass hier nicht weiter darauf eingegangen wird.

Wenn man auf das Fotosymbol klickt, hat man drei Möglichkeiten; entweder man ruft ein Foto aus einer vorhandenen Datei (Bibliothek) auf oder nimmt über die Kamera ein Foto oder ein Video auf.

Mit dem Klick auf „Bibliothek" erscheinen die Fotos, die dort abgelegt sind. Durch „Wischen" wählt man das gewünschte Foto aus, das nun im oberen Teil des Bildschirms erscheint.

Die drei Buttons am unteren Rand haben folgende Funktionen.

Über den linken Button kann man das Bild vom Instagram-Format (quadratisch) auf andere Formate umstellen.

Mit dem Button ganz rechts kann man mehrere Fotos zu einem Beitrag hinzufügen und anschließend teilen.

Der Button daneben eröffnet die Möglichkeit, das Programm „Boomerang" (von Instagram) zu installieren. Diese App bietet die Möglichkeit, Fotos durch eine schnelle Reihung zu einem Kurzvideo zusammenzufügen, das sich vorwärts und rückwärts abspielen lässt.

Hat man sich für ein Foto entschieden, geht es an die weitere Bearbeitung.

Instagram – Fotobearbeitung

Nachdem man sich registriert und sein Profil angelegt hat, gelangt man zur eigentlichen Fotobearbeitung. Die folgenden Ausführungen beziehen sich auf das Betriebssystem iOS, auch wenn Instagram Android und Windows Phone erhältlich ist.

Um ein Foto aufzunehmen oder ein Foto aus der Fotobibliothek des Telefons oder Tablets hochzuladen, tippt man am Ende der App zunächst auf [Kamera-Symbol] am unteren Bildschirmrand.

Nachdem man ein Foto aufgenommen oder hochgeladen hat, kann man vor dem Teilen Effekte oder Filter, eine Bildunterschrift und den Aufnahmeort hinzufügen.

Interessant sind die vielen Möglichkeiten, die Instagram bei der weiteren Bearbeitung bietet.

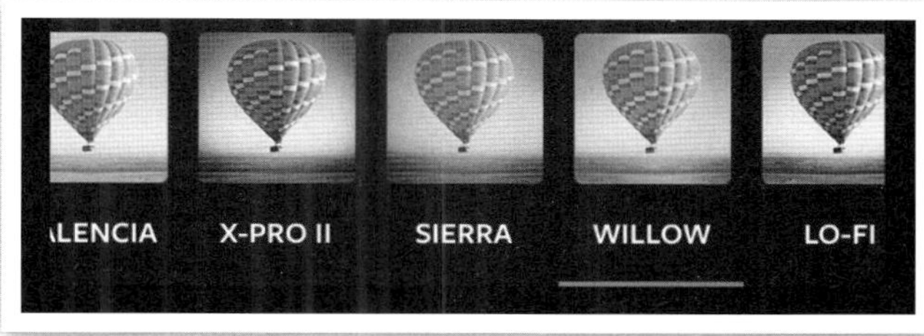

Hat man das Bild ausgewählt (oder aufgenommen), klickt man oben rechts auf ***Weiter***. Nun erscheinen am unteren Rand Bilder von Filtern; sie wollen zeigen, wie sich der Filter auf das Foto auswirkt.

Wenn man den gewünschten Filter durch Antippen ausgewählt hat, tippt wiederum oben rechts ***Weiter*** an.

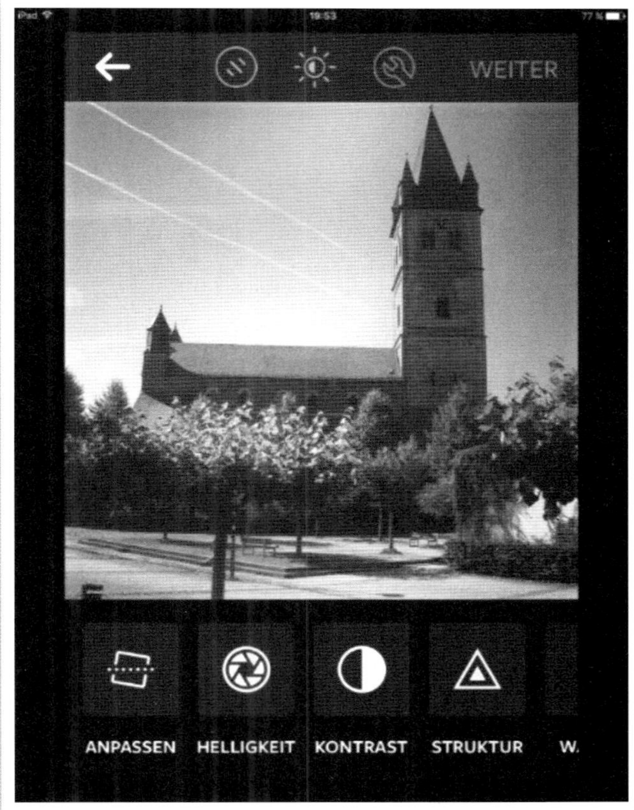

Auf der nächsten Seite hat man die Möglichkeit, dem Bild eine Unterschrift zu geben: ***Bildunterschrift geben***. Außerdem kann man einen Ort hinzufügen. Schließlich wird man hier gefragt, auf welchem sozialen Netzwerk man das Foto später ***teilen*** möchte.

Sobald man ein Foto aufgenommen oder eines aus der Bibliothek des Smartphones oder Tablets ausgewählt hat, kann man es Foto mit der Fotobearbeitungsfunktion bearbeiten. Dazu tippt man auf [Symbol], um die Funktionen zu öffnen. Am unteren Bildschirmrand erscheint nun ein Laufband, das man Wischen bewegen kann. Hier gibt es eine Reihe von Effekten, die man auf das ausgewählte Foto anwenden kann. Da sich die Effekte im Prinzip selbst erklären, sollen hier nur einige kurz genannt werden.

	Anpassen		Helligkeit
	Struktur		Farbe
	Schatten		Schärfen

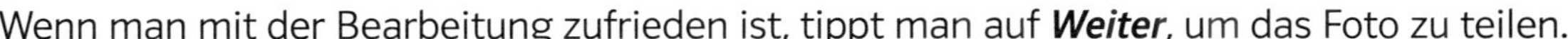

Wenn man mit der Bearbeitung zufrieden ist, tippt man auf ***Weiter***, um das Foto zu teilen.

Auf diese Art stellt man eine Bildserie ins Netz, die das vorgesehene Thema mit einigen Bildern vorstellt, die mit unterschiedlichen Effekten bearbeitet wurden. Über die Kommentare zu diesen Bildern kommt es dann zu einem Austausch.

Tumblr – Einführung

Tumbler ist bei Jugendlichen in Deutschland noch nicht sehr bekannt, obwohl weltweit bereits über 10 Millionen Nutzer registriert sind. Was ist eigentlich Tumblr? Worin unterscheidet sich Tumblr von den anderen sozialen Netzwerken?

Tumblr ist eine Kombination von sozialem Netzwerk und Blogging Plattform und ist damit anders strukturiert als Facebook und viele andere soziale Netzwerke.

Was sind denn nun Gründe, sich als Nutzer in einem – nicht so bekannten – Netzwerk anzumelden? Offensichtlich nutzen Jugendliche die Plattformen, auf denen sich auch ihre Freunde tummeln, und das sind zurzeit Facebook, Twitter & Co. Inzwischen steigt aber die Zahl der Nutzer von Tumblr auch in Deutschland. Ein Grund kann sein, dass man in Tumblr – anders als in den meisten Netzwerken – nicht mit seinem echten Namen unterwegs sein muss. Die Registrierung kann über einen Aliasnamen erfolgen. Das hat zur Folge, dass man sich zwar in einem Netz mit Millionen Nutzern bewegt, aber nur erkannt wird, wenn jemand den Aliasnamen kennt. Ansonsten ist man anonym und das ist für viele Nutzer von Vorteil.

Zum anderen verfügt Tumblr über keine Kommentarfunktion. Das mag auf den ersten Blick als Nachteil erscheinen, hat aber den Vorteil, dass das Netzwerk „ruhiger" als die meisten Plattformen ist. Die Nutzer, die in Tumblr unterwegs sind, wollen sich zwar austauschen, was auch möglich ist, aber ohne die z. T. heftigen Kommentare.

Weiter ist zu bemerken, dass das Netzwerk sehr von Medien lebt. Die Blognachrichten sind mit Bildern und animierten Grafiken gefüllt, sodass sich viele Kreative in diesem Netzwerk bewegen.

Hier ein Blick auf eine Tumblr-Seite:

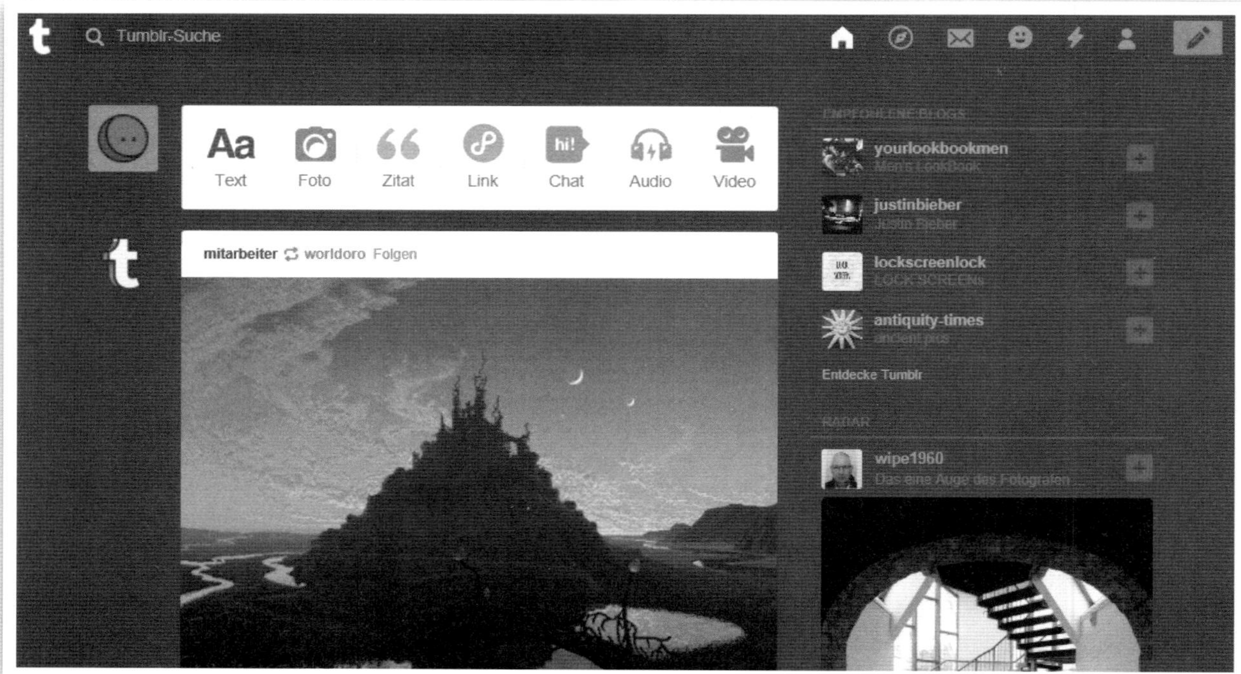

Tumblr – Anmeldung

Wie bei allen sozialen Netzwerken ist es notwendig, sich zu registrieren. Die Anmeldung erfolgt auf der Seite *www.tumblr.com*. Die Startseite sieht dann so oder ähnlich aus.

Da man noch nicht registriert ist, muss man die folgenden Schritte gehen:

E-Mail-Adresse: die eigene E-Mail-Adresse wird eingegeben.

Passwort: hier gibt man das Passwort für das E-Mail-Konto ein.

Username: in dieses Feld gibt man den gewünschten Nutzernamen ein – dies kann ohne weiteres ein Alias sein; falls dieser bereits vergeben ist, schlägt Tumblr Namen vor. Mit dem Nutzernamen erhält man eine eigene Domain, die man über *nutzername.tumblr.com* erreicht.

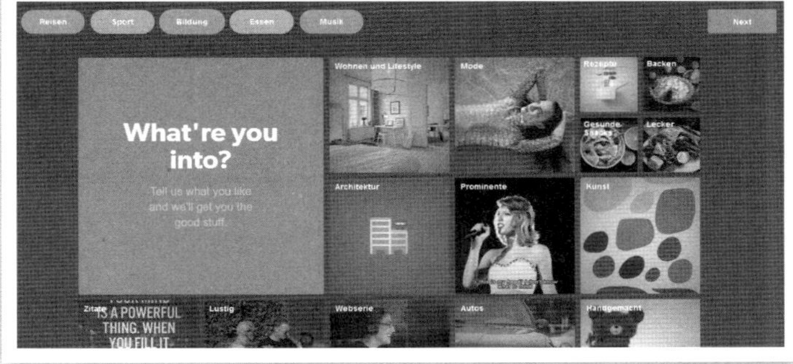

In einem weiteren Schritt soll man fünf Bereiche nennen, die einen besonders interessieren. Tumblr schlägt u. a. folgende Themen vor:

TV, Autos, Kultur, Musik, Beauty, Gesundheit, Sport, Bücher, Design, Reisen, Kunst, Film, Essen, Architektur …

Die ausgewählten Bereiche erscheinen in den Feldern oben links.

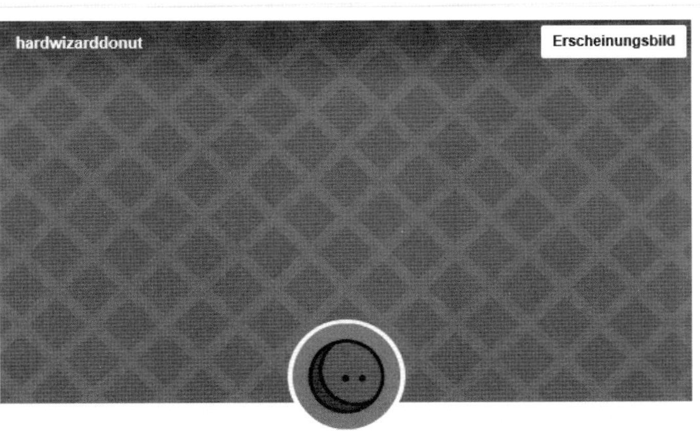

Schließlich wird der eigene Blog erstellt. In dem oberen Bereich kann ein Bild (aus einer vorhandenen Datei) eingefügt werden.

Auch für den Avatar (Symbol in der Mitte) kann ein Bild hochgeladen werden. Dies erscheint dann später neben den eigenen Blogeinträgen. Außerdem legt man die Hintergrundfarben fest und gibt seinem Blog einen Titel.

Für den Blog stehen dem Nutzer vielfältige Layoutvorlagen zur Verfügung.

Über den Button ***Speichern*** wird dieser Stand gespeichert.

Tumblr – die Übersichtsseite

Nachdem man diese Schritte erledigt hat, kann man sich in dem Netzwerk bewegen. Die Übersichtsseite (Dashboard) kann so oder ähnlich aussehen.

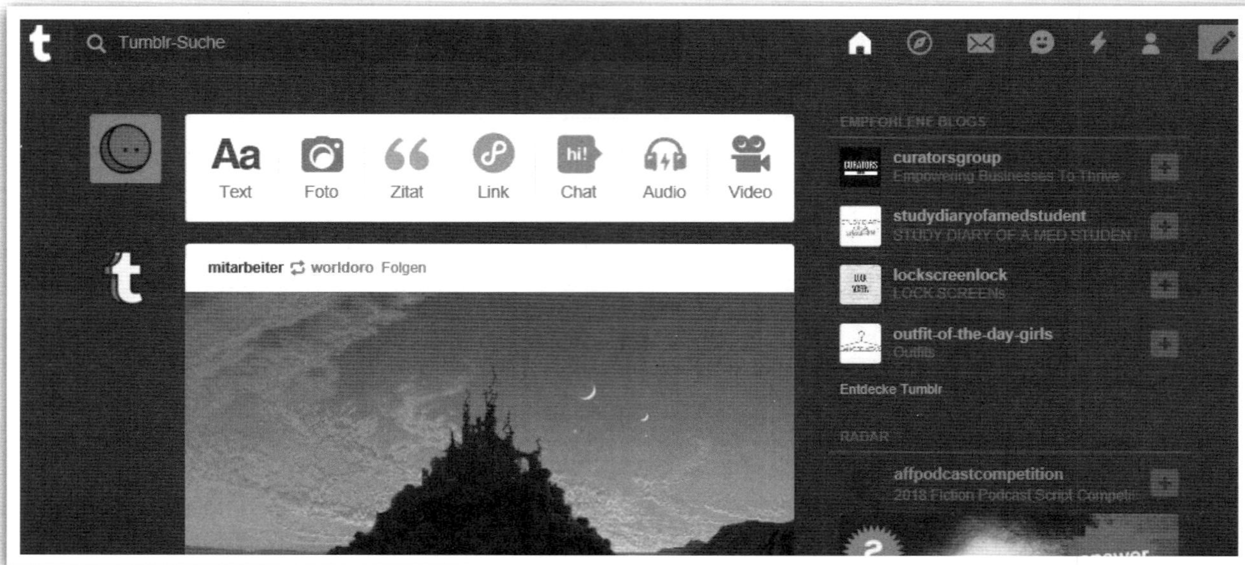

Diese Seite erinnert an die Startseiten bei Facebook oder Twitter und erklärt sich zum Teil selbst. Den größten Teil in der Mitte der Seite nehmen die Blogs von Nutzern ein.

Auf der rechten Seite findet man Hinweise auf Blogs, die Tumblr aufgrund der angegebenen Interessen vorschlägt.

Darunter findet man den Link ***Entdecke Tumblr***; dort erhält man ausführliche Hinweise zu den vielen Möglichkeiten dieses Netzwerks.

Darunter ist noch die Rubrik ***Radar***. Auch hier sieht man wieder einen Blog. Das Besondere an dieser Rubrik ist, dass dort Blogs erscheinen, die besonders gefragt sind.

In der oberen Zeile sieht man rechts die folgenden Zeichen:

1 2 3 4 5 6 7

❶ Man kommt zurück auf die **Startseite/das Dashboard.**

❷ **Entdecken:** Hier wird Tumblr eingehend erläutert.

❸ Der **Posteingang** wird gezeigt.

❹ **Nachrichten:** Hier kannst du Nachrichten verfassen.

❺ **Aktivität:** Hier erfährt man, wer dem eigenen Blog folgt oder ihn als Favorit gekennzeichnet hat.

❻ **Account:** Hier kann man Änderungen am eigenen Account vornehmen.

❼ Über diesen Button kann man einen **eigenen Blog erstellen.**

Wenn man Tumblr verlassen möchte, klickt man in der Menüleiste auf den Button ***Account*** → ***Ausloggen.***

Tumblr – einen eigenen Blog erstellen

Die Reihe über dem Bild weist auf die Möglichkeiten hin, wie man seinen Blog gestalten kann.

Wenn man z. B. auf das Zeichen für Text klickt, öffnet sich dieses Fenster. In der oberen linken Ecke findet man seinen Namen. In der Zeile ***Titel*** gibt man die Überschrift seines Blogs ein. Darunter schreibt man den Text. Damit man den Blog leichter im Netz findet, ergänzt man (wie bei Twitter) Hashtags in der entsprechenden Zeile, z. B. #Reisen #Fahrrad

Ähnlich ist es bei den anderen Buttons. So kann man seinen Blog mit den o. a. Möglichkeiten gestalten.

Wenn man mit seiner Arbeit zufrieden ist, drückt man auf den Button posten (zusenden). Nach kurzer Zeit ist die Seite für die Öffentlichkeit zu sehen.

Wenn man im Netzwerk einen Blog findet, der zu den eigenen Interessen passt, kann man diese in seinen eigenen Blog einbinden, und zwar über die Funktion ***Rebloggen.*** Diese findet man rechts am unteren Rand.

Diese Beiträge sind im Blog dadurch zu erkennen, dass das Rebloggen-Zeichen mit dem Namen des Verfassers in der ersten Zeile steht. Falls man sich später von diesem, Blogger verabschieden möchte, so geht das über die Funktion ***Entfolgen.***

Arbeitsblatt: Was ist „privat"?

Peter erzählt in der Klasse folgende Geschichte.

„Wir haben total blöde Nachbarn. Den ganzen Tag liegt einer von ihnen im Fenster und guckt, was auf unserem Grundstück und in unserem Haus passiert. Sie interessieren sich dafür, was ich im Garten mache, welche Freunde zu mir kommen. Ich habe auch schon einmal gesehen, dass der Nachbar mit einem Fernglas am Fenster stand, um genauer sehen zu können, was in unserem Haus geschieht.

Meine Eltern haben sich bei den Nachbarn beschwert, weil uns das stört. Aber der Nachbar hat nur gemeint, dass er machen könne, was er wolle, schließlich sei gerade der Garten öffentlich. Da könne ihm niemand Vorschriften machen.

Meine Eltern überlegen nun, was sie tun können. Eigentlich wollten sie das Grundstück mit dem Garten offen und freizügig gestalten, aber wenn der Nachbar sie weiter so beobachtet, beabsichtigen sie, einen Zaun oder eine Hecke um den Garten anzulegen, damit die Nachbarn keinen Einblick mehr haben."

In der Diskussion mit seinen Freunden stellt sich die Frage, was privat ist und was öffentlich. Was dürfen andere über mich erfahren? Was sollten sie nicht wissen? In Wikipedia wird „Privatsphäre" so definiert: *„Privatsphäre bezeichnet den nichtöffentlichen Bereich, in dem ein Mensch unbehelligt von äußeren Einflüssen sein Recht auf freie Entfaltung der Persönlichkeit wahrnimmt."*

AUFGABEN

1 Fülle mit deinem Nachbarn die folgende Tabelle aus, indem ihr die fettgedruckten Begriffe unterhalb der Tabelle benutzt. (Vielleicht fallen euch noch weitere Dinge ein!)

Privat	Nur für Freunde	Öffentlich	Nicht eindeutig

Mein bester ***Freund,*** meine letzte ***Deutsch-Note,*** Vornamen meiner ***Eltern,*** welche ***Musik*** ich gern höre, mein ***Geburtstag,*** welche ***Schule*** ich besuche, welches ***Auto*** meine Eltern fahren, welcher ***Lehrer*** blöd ist, welcher ***Lehrer super*** ist, meine ***Hobbys,*** den Namen meines ***Hundes,*** wie viel ***Taschengeld*** ich bekomme, wo ich ***Ferien*** gemacht habe, wovor ich ***Angst*** habe, in welchem ***Film*** ich zuletzt war, welchen ***Sport*** ich betreibe, ob ich ***rauche,*** mein ***Lieblingsgetränk,*** in wen ich ***verliebt*** bin.

2 Diskutiert das Ergebnis in der Gruppe.

Arbeitsblatt: Ich habe dich im Netz gesehen!

Sylvia trifft ihre Klassenkameradin Christina: „Als ich gestern im Netz war, habe ich sehr schöne Bilder von dir und deinem Freund gesehen. Das wusste ich ja noch gar nicht. Das muss ich gleich in der Klasse den anderen erzählen."

Eigene Fotos	Du warst in den Ferien in Hamburg und hast dort im Hafen einige Fotos gemacht. Auf ihnen sind keine Personen zu erkennen.		Erlaubt? ☐ Ja ☐ Nein
Eigene Fotos mit anderen Personen	Das ist das Foto, das Sylvia gesehen hat: Auf dem Foto ist außer Christina noch ihr Freund zu sehen. Da es Christinas Freund ist, braucht Sylvia ihn nicht zu fragen, ob sie das Bild ins Netz stellen darf.		Erlaubt? ☐ Ja ☐ Nein
Fremde Fotos	Dieses Bild von der Insel Helgoland hast du im Internet gefunden. Da du nicht selbst ein Bild machen konntest, hast du es mit anderen Urlaubsfotos in deine Galerie gesetzt. Schließlich kann ja jeder ins Internet schauen.		Erlaubt? ☐ Ja ☐ Nein

AUFGABE

Kreuze an und begründe deine Entscheidungen zu den drei Fotos.
Erkläre, was an den Aussagen in der zweiten Spalte falsch und was richtig ist.
Korrigiere eine falsche Begründung, indem du einen „richtigen" Text formulierst.

Arbeitsblatt: Bilder im Netz – gar nicht so einfach

AUFGABEN

1 **Du findest hier einige Aussagen über die Veröffentlichung von Bildern im Netz. Kläre zunächst allein, wie du die Aussagen einschätzt. Besprich dein Ergebnis anschließend mit deinem Nachbarn und entscheidet euch dann gemeinsam.**

Beispiel	Darf veröffentlicht werden	Darf nicht veröffentlicht werden
Bruno ist Fan von Take That. Er möchte eine Gruppe in Facebook gründen und dabei das Plattencover der letzten CD verwenden.		
Fatihs Fußballmannschaft ist Kreismeister geworden. Sein Vater hat ein Foto im Stadion gemacht.		
Sonja liebt ihren Beagle Tessa. Ihre Mutter hat im Garten ein Foto von ihnen gemacht.		
Katrin hat ein Foto von ihrer Konfirmation, auf der die gesamte Verwandtschaft zu sehen ist. Sie hat alle gefragt, ob sie die Fotos ins Netz stellen darf. Sie sind alle einverstanden, nur Onkel Paul nicht.		
Hendrik ist Fan vom FC St. Pauli und möchte eine Fan-Seite im Netz veröffentlichen. Er fragt beim Verein an, ob er das Logo und andere Bilder von der Homepage verwenden darf. Bis heute hat er noch keine Antwort.		
Lisa hat ihren letzten Urlaub auf Sylt verbracht und über 100 Fotos mitgebracht. Sie möchte gern im Netz eine Galerie anlegen.		
Ralf fotografiert Burgen und Schlösser. Auf den Fotos sind nur selten Personen zu sehen und wenn, dann nur sehr klein in einem kleinen Bildausschnitt.		
Rita hat ein Logo für einen Verein entworfen und dieses ohne Vorlage selbst gezeichnet.		

2 **Welche Bilder dürfen im Internet veröffentlicht werden? Sammelt in Partnerarbeit Kriterien und schreibt diese auf.**

Info: Viele Bilder zu unterschiedlichen Personen, Ereignissen, Landschaften etc. sind im Internet bei *www.wikipedia.de* zu finden. Klickt dort auf verschiedene Bilder und lest die sogenannten Lizenzbedingungen durch. Unter welchen Bedingungen dürft ihr diese Bilder nutzen?

Arbeitsblatt: Soziales Netzwerk – ein digitales Freundebuch?

AUFGABE

**Du möchtest dich in einem Netzwerk anmelden. Dort erscheint nach der Anmeldung dieser Fragebogen. Fülle diesen Fragebogen so aus, dass deine Angaben sicher sind.
Tausche den Bogen mit deinem Nachbarn/deiner Nachbarin aus.
Vergleicht eure beiden Bögen. Worauf musst du auf jeden Fall achten?**

Das

bin

ich

Name: ______

Spitzname: ______

Vorname: ______

Telefon: ______

Handy: ______

E-Mail: ______

Messenger-Adressen: ______

Geburtstag: ______

Meine Schule: ______

Mein Lieblingsfach: ______ Mein Hassfach: ______

Mein Lieblingslehrer: ______ Mein Hasslehrer: ______

Mein Traumberuf: ______

Meine Hobbys: ______

Lieblingsfilme: ______

Lieblingsmusik: ______

Lieblingsfernsehsendungen: ______

Mein bester Freund/Meine beste Freundin: ______

Ich bin verliebt in: ______

Das mag ich: ______

Das mag ich gar nicht: ______

Infoblatt: Das Netz vergisst nichts!

Tipps für das sichere Surfen in sozialen Netzwerken

1. Sei vorsichtig mit der Preisgabe persönlicher Informationen.
2. Lies dir die Allgemeinen Geschäftsbedingungen und die Bestimmungen zum Datenschutz des von dir genutzten sozialen Netzwerks sorgfältig durch. Solltest du etwas nicht verstehen, frage bei deinen Eltern oder Lehrern nach!
3. Beantworte Kontaktanfragen nur, wenn du die Person kennst – diese Funktion wird häufig missbraucht, um personenbezogene Daten zu sammeln.
4. Fühlst du dich von Personen im sozialen Netzwerk belästigt, melde diese!
5. Nutze für jedes soziale Netzwerk, bei dem du Mitglied bist, unterschiedliche und sichere Passwörter!
6. Gib keine persönlichen Informationen wie z. B. Telefonnummer, Adresse, Handynummer usw. an.
7. Wenn du eigene Bilder in ein soziales Netzwerk stellst, überlege, wem du diese zugänglich machst!
8. Klicke nicht wahllos auf Links – hier kannst du schnell auf gefährlichen Seiten landen, die deine Daten speichern und an Kriminelle weitergeben.

Diese Tipps fasst das Bundesamt für Sicherheit in der Informationstechnik kurz zusammen.

> „Das Netz vergisst nichts: Informationen, die Sie über soziale Netzwerke verbreiten, bleiben für immer im Netz. Selbst wenn Sie Ihren Account löschen, so ist es fast unmöglich, Verlinkungen und Kommentare in anderen Profilen zu entfernen. Veröffentlichen Sie also keine Informationen, bei denen es Ihnen später leid tun könnte.
>
> IT-Sicherheit ist Datensicherheit: Wichtiger Bestandteil des Datenschutzes ist, dass Sie Ihren Computer generell vor unerwünschten Angreifern absichern. Ob Sie alle nötigen Maßnahmen für den Basisschutz getroffen haben, können Sie anhand unserer Checkliste überprüfen."

(Quelle: Das Netz vergisst nichts, Bundesamt für Sicherheit in der Informationstechnik; www.bsi-fuer-buerger.de)

Arbeitsblatt: Checkliste zum Anmelden im sozialen Netzwerk (1)

Mit dieser kurzen Checkliste kannst du überprüfen, ob du im Umgang mit sozialen Netzwerken sicher bist. Vielleicht stellst du nach Durchsicht dieser Liste fest, dass du die eine oder andere Einstellung in einem Netzwerk, indem du angemeldet bist, ändern solltest.

1 Warum habe ich mich in einem sozialen Netzwerk angemeldet?

- ☐ *Ich möchte neue Freunde kennenlernen.*
- ☐ *Ich möchte Schulfreunde finden.*
- ☐ *Ich möchte mich mit anderen über meine Hobbys und Interessen austauschen.*
- ☐ ______________________________

Achte bitte darauf, dass du nur die notwendigsten Daten angibst. Meist reicht es in den sozialen Netzwerken aus, wenn du einen Nicknamen (Kosename, Spitzname) angibst. Prüfe die Angaben in deinem Profil eines Netzwerkes.

2 Kennst du die Angaben des Netzwerkbetreibers zur Datensicherheit?

- ☐ *Ich habe mich über den Betreiber des Netzwerkes informiert.*
- ☐ *Ich habe die Nutzungsbedingungen genau gelesen.*
- ☐ *Ich habe die Standardeinstellungen geändert.*
- ☐ *Ich möchte nicht, dass meine Daten für Werbung verwendet werden.*

Du solltest über das Netzwerk, dem du beitreten möchtest, genau Bescheid wissen. Normalerweise findest du diese Daten im Impressum oder in einer Rubrik wie „Über uns". Du kannst dich aber auch im Netz informieren (z. B. *www.datenschutz.rlp.de*).

Die Datenschutzerklärungen sind meist sehr umfangreich und unübersichtlich. Wenn man sich aber einverstanden erklärt hat, sind sie verbindlich. Um eine möglichst hohe Sicherheit zu bekommen, solltest du sofort die Standardeinstellungen ändern, damit nur deine „Freunde" dein Profil sehen können.

Arbeitsblatt: Checkliste zum Anmelden im sozialen Netzwerk (2)

Hast du alle Maßnahmen zum Schutz deiner Daten genutzt?

☐ *Ich habe nur die notwendigsten Daten angegeben.*

☐ *Ich gebe gezielt Daten frei.*

☐ *Im Netz beachte ich die Regeln der Höflichkeit.*

Da deine Daten noch lange nachverfolgt werden können, solltest du auf keinen Fall diese Daten im Netzwerk angeben: **Anschrift, Telefonnummer, E-Mail-Adresse, Kontodaten.** Auch die Zugangsdaten solltest du für dich behalten. Wenn du dich in verschiedenen Netzwerken anmeldest, solltest du in jedem Netzwerk einen anderen Nicknamen (und auch unterschiedliche E-Mail-Adressen) verwenden, damit die Daten nicht so leicht zusammengeführt werden können, wie dies z. B. über Google oder Personensuchmaschinen möglich ist.

Auch solltest du sicher sein, dass keine automatisch gespeicherten Daten bei Fotos weitergegeben werden. Auch sind Daten im Internet noch lange verfügbar, selbst wenn du sie auf deinem Rechner gelöscht hast. Über Suchmaschinen lassen sich alte Daten wieder aufspüren.

Achte bitte genau darauf, wem du als „Freund" Zutritt in deine Privatsphäre gewährst. Kennst du ihn wirklich gut? Kannst du ihm vertrauen? Denke auch daran, dass die Gruppenzugehörigkeit schon so manches über die Teilnehmer aussagt. Würdest du z. B. jemanden einstellen, der in der Gruppe „Wer arbeitet, ist zu faul zum Denken" Mitglied ist? Deshalb solltest du auch dies bedenken, bevor du Mitglied einer Gruppe wirst.

Privatsphäre-Einstellungen und Tools

Deine Aktivität	Wer kann deine zukünftigen Beiträge sehen?	Öffentlich	**Bearbeiten**
	Überprüfe alle deine Beiträge und Inhalte, in denen du markiert bist		**Aktivitätenprotokoll verwenden**
	Möchtest du die Zielgruppe für Beiträge einschränken, die du mit Freunden von Freunden oder öffentlich geteilt hast?		**Vergangene Beiträge einschränken**
Wie du gefunden und kontaktiert wirst	Wer kann dir Freundschaftsanfragen senden?	Alle	**Bearbeiten**
	Wer kann deine Freundesliste sehen?	Öffentlich	**Bearbeiten**
	Wer kann mithilfe der von dir zur Verfügung gestellten E-Mail-Adresse nach dir suchen?	Alle	**Bearbeiten**
	Wer kann mithilfe der von dir zur Verfügung gestellten Telefonnummer nach dir suchen?	Alle	**Bearbeiten**
	Möchtest du, dass Suchmaschinen außerhalb von Facebook dein Profil anzeigen?	Ja	**Bearbeiten**

AUFGABE

Bist du mit diesen Einstellungen einverstanden? Was würdest du ändern?

In den Netzwerken sollte man höflich bleiben und die Netiquette einhalten. Es gibt allerdings auch Teilnehmer, die sich an diese Spielregeln nicht halten. Das kann in schlimmen Fällen bis zum Cyber-Mobbing führen. Wenn du davon erfährst (oder betroffen bist), solltest du dies dem Netzwerkbetreiber oder auch im Netz (z. B. unter www.jugendschutz.net) melden, damit der Betreffende aus dem Netzwerk ausgeschlossen und eventuell auch bestraft werden kann.

Wenn du dich in einem Netzwerk abmelden möchtest, so beende deine Mitgliedschaft und lösche alle deine Daten.

Arbeitsblatt: AGB – Du kennst dich in sozialen Netzwerken aus

Wenn du dich in einem sozialen Netzwerk wie **LizzyNet** anmeldest, musst du mit den Allgemeinen Geschäftsbedingungen (kurz AGB) einverstanden sein und ein entsprechendes Feld anklicken.

Kreuze in der Tabelle an, welche Aussagen für das soziale Netzwerk LizzyNet richtig oder falsch sind. Informiere dich dazu auf der Internetseite www.lizzynet.de.

Aussage	richtig	falsch
Der Nutzer des Netzwerkes muss mindestens 13 Jahre alt sein.		
Der Betreiber des Netzwerkes kann die Inhalte überprüfen, ob sie gegen bestehende Gesetze verstoßen.		
Der Betreiber darf Inhalte, die von Nutzern ins Netz gestellt wurden, technisch aufbereiten.		
Wenn ein Nutzer gegen die AGB verstößt, muss er ein Bußgeld von 50,00 € zahlen.		
Der Nutzer muss bei der Anmeldung seine Handynummer angeben.		
Bei Kündigung erhält der Nutzer alle Inhalte zurück.		
Der Nutzer hat keinen Anspruch auf bestimmte, fehlerfreie Dienste.		
Der Nutzer sollte sich mit seinem Nickname anmelden.		
Du kannst dich von dem Netzwerk nur abmelden, wenn du eine SMS an LizzyNet schickst.		
Das Netzwerk darfst du nur für private Zwecke nutzen.		
Du darfst Bilder und Filme im Netzwerk veröffentlichen, egal, was sie zeigen.		
Für einzelne Dienste kann LizzyNet z. B. die Einwilligung der Erziehungsberechtigten einholen.		
Wenn du dich an bestimmte Regeln der AGB nicht hältst, kann dein Zugang von LizzyNet gesperrt werden.		
Von Inhalten, die du über LizzyNet veröffentlichst, musst du Sicherheitskopien speichern.		
Wenn du eine eigene LizzyNet-Homepage erstellst, musst du dort keine Angaben (Name, Telefonnummer, Wohnort …) machen.		
Du kannst die Mitgliedschaft bei LizzyNet mit einer Frist von einer Woche kündigen.		
Wenn andere Nutzer gegen die Geschäftsbedingungen verstoßen, soll man dies LizzyNet melden.		

Was ist „chatten"?

Das Internet ermöglicht Jugendlichen nicht nur den Kontakt in sozialen Netzwerken, sondern auch auf andere Weise täglich online zu sein. Die Kommunikation mit anderen ist für sie ganz wichtig und so spielt auch Chatten eine Rolle in der Freizeitgestaltung vieler Jugendlicher.

Der Begriff „chatten" kommt aus dem Englischen und bedeutet soviel wie „plaudern", „quasseln", „schwätzen". Heute werden unter dem Oberbegriff „chatten" die verschiedenen Möglichkeiten der Online-Kommunikation zusammengefasst, also auch Webchat und Instant Messenger.

In einem Chat können sich Jugendliche in Echtzeit unterhalten. Dazu ist als erster Schritt erforderlich, die Webadresse eines Chats in einem Browser einzugeben. Dann kann man in den Chat eintreten. In manchen Chats reicht es, wenn man einen Nicknamen eingibt; in anderen ist die Registrierung umfangreicher, indem auch persönliche Daten eingegeben werden müssen.

In den Chats gibt es normalerweise mehrere „Räume", in denen man sich unterhalten kann. Diese können thematisch gegliedert sein, z. B. Film, Flirt, Fußball. Sie können auch altersmäßig angeboten werden, z. B. 16+, 20+, 40+. Schließlich sind auch regionale Chats möglich, z. B. Düsseldorf, Hamburg, Niedersachsen.

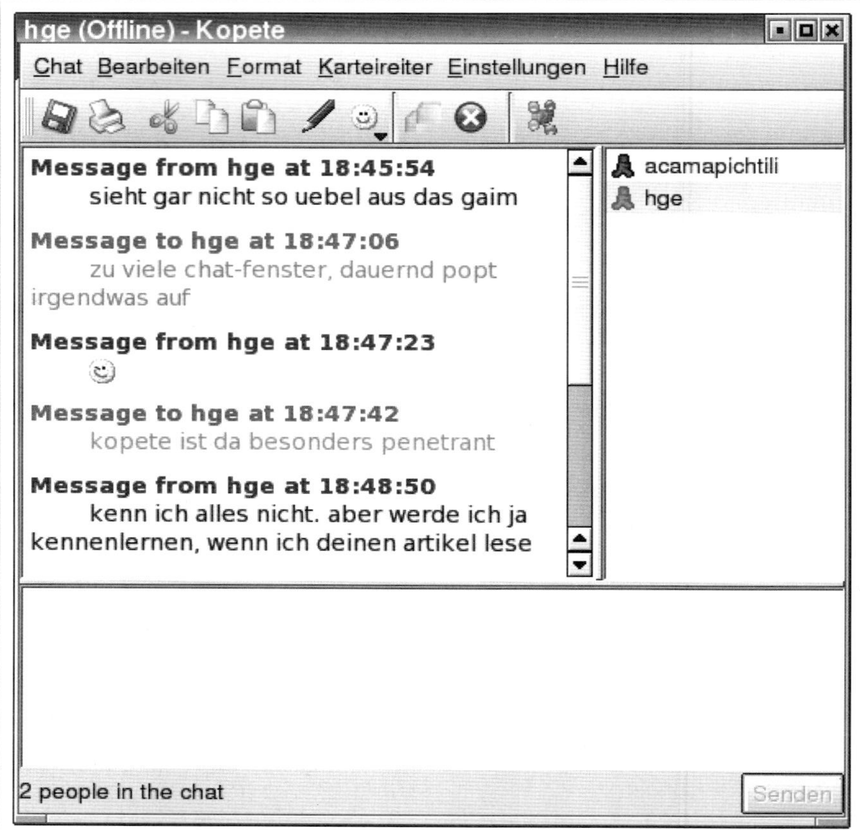

Wenn man nun im Chat ist, sieht man am Rand meist ein Fenster, in dem man die Liste der Anwesenden findet (in der Abbildung: rechts).

In die Eingabezeile gibt man seinen Text ein, der bei allen Anwesenden gleichzeitig auf dem Bildschirm erscheint. Es gibt aber auch die Möglichkeit, nur mit einem Einzelnen zu chatten. Diesen Vorgang nennt man „flüstern".

In den Chats gibt es Moderatoren, die den Chat beobachten. Sie sind daran zu erkennen, dass ihr Name farbig oder mit einem Symbol gekennzeichnet ist. Chats, die sich speziell an Kinder richten, werden immer von Moderatoren betreut.

Für Jugendliche ist es sicher reizvoll, Kontakt anonym aufzunehmen, da man ja nicht seine wahre Identität preisgeben muss. So kann sich ein Jugendlicher als Erwachsener ausgeben, natürlich auch umgekehrt, was womöglich Gefahren in sich bergen kann.

Chats in Deutschland – eine Kurzübersicht

Jugendliche nutzen für das Chatten verschiedene Anbieter. Hier befindet sich eine knappe, tabellarische Übersicht mit einer Kurzbeschreibung der jeweiligen Chats. Sie stellt allerdings nur einen kleinen Ausschnitt aus dem vielfältigen Angebot dar, das augenblicklich in Deutschland auf dem Markt ist.

Name	Kurzbeschreibung
Knuddels www.knuddels.de	Hier handelt es sich um ein Chat mit Community-Funktionen. Es sind über 1 Million aktive Mitglieder vorhanden. Registrierung ist notwendig.
SchulhofChat www.schulhofchat.de	In diesem Chat sind etwa 27 000 User registriert. Er richtet sich laut Anbieter an Schülerinnen und Schüler.
Spin www.spin.de	Diese Community richtet sich laut Anbieter an Jugendliche über 16 Jahren. Eine Registrierung ist erforderlich; dabei ist eine Handy- oder Festnetznummer notwendig.
KWICK www.kwick.de	Dies ist eine Community mit über 1,5 Mio. angemeldeten Usern. Registrierung ist erforderlich. Laut Anbieter ist der Chat für Jugendliche ab 14 Jahren geeignet.
Ch@tfun www.chatfun.de	Dieser Chatroom richtet sich laut Anbieter an Jugendliche über 16 Jahren. Registrierung und Gastzugang sind möglich. Zurzeit sind über 1,3 Millionen User registriert.
Spin www.spin.de	Dies ist eine Online-Community für Jugendliche, die älter als 16 Jahre sein sollen. Die User können Chat, Blogs, Foren, Fotovoting, Onlinespiele und weitere Features nutzen.
Chatfun24 www.chatfun24.net	Eine kostenlose Community, auf der Spaß im Vordergrund steht. Die User sollen 16 Jahre alt sein. Es stehen viele Funktionen zur Verfügung, z. B. Video, Nachrichten, Smilies, Gästebuch.

Arbeitsblatt: So „schreibt“ man im Chat

Für das Chatten hat sich eine eigene „Sprache“ entwickelt, die zu einem großen Teil aus Spezialzeichen, z. B. Smileys oder Emoticons besteht. Außerdem verwenden Nutzer noch Akronyme (kurzes Wort, das aus den Anfangsbuchstaben mehrerer Wörter zusammengesetzt wird), und sogenannte Asterisken (Schriftzeichen, Sternchen), um einen Sachverhalt nicht vollständig ausschreiben zu müssen.

Selbstverständlich ist auch, dass sich Nutzer duzen.

AUFGABEN

1 Vervollständige die Tabelle.

Das Wort **Emoticons** ist eine Zusammenfassung der Worte **Emotion** und **Icon.** Einige bekannte Emoticons haben wir hier zusammengefasst:

:-) Smiley, lächelndes Gesicht, der Klassiker!

:-(ein trauriges Gesicht, ebenfalls ein Klassiker!

:-)) ______________________

:-((______________________

:-D ______________________

;-) ______________________

:-p ______________________

:-| ______________________

:-/ ______________________

:-o ______________________

:-X ______________________

:'-(______________________

:o) ______________________

Smileys (eine Auswahl)

- lächelndes Smiley
- zwinkerndes Smiley
- überraschtes Smiley
- trauriges Smiley
- errötendes Smiley
- küssendes Smiley

2 Natürlich gibt es weitere Emoticons und Smileys. Hier kannst du die Liste ergänzen.

Arbeitsblatt: Asterisken und Akronyme

Nutzer verwenden im Chat eine „eigene" Sprache. Damit die Kommunikation schnell geht, gibt es viele Abkürzungen. Hier unterscheidet man die sogenannten Asterisken oder Sternchen, die ihren Namen dadurch bekommen haben, dass Sternchen * verwendet werden.

Akronyme sind einfach nur Abkürzungen. Sehr bekannt ist z. B., dass man nur „4" schreibt, wenn man „for" meint.

AUFGABEN

1 Hier siehst du eine Auswahl an Akronymen. Ergänze.

cu (see you) = ______	LG ______
bb (bye bye) = ______	GG ______
wb (welcome back) = ______	TY ______
4U (for you) = ______	HDL ______
kk ______	sry ______
np (no problem) = ______	mom ______
N8 ______	AFK ______

2 Und eine Auswahl an Asterisken.

g ______	*lol* ______
grins = grinsen ______	*momtel* ______
s ______	*knuddel* ______
smile = ______	*bok* ______
fg ______	*kopfschüttel* ______

3 Hier hast du Platz für Ergänzungen.

Snapchat – Übersicht

Der Markt der Messenger-Dienste ändert sich rasant; immer wieder kommen neue Dienst auf, andere verschwinden, weil es interessantere Möglichkeiten gibt. Eine dieser neuen Möglichkeiten heißt „Snapchat", aus dem Englischen snap = Schnappschuss, zerbrechen, plötzlich. Mit diesen Begriffen werden die Möglichkeiten dieses Dienstes, der in Versionen für Android und iOS erhältlich ist, treffend umschrieben. Nach Aussage der Website darf das Programm von Jugendlichen ab 13 Jahren genutzt werden, das aber nicht überprüft wird.

Nach der JIM-Studie 2016 nutzt mehr als die Hälfte der befragten Jugendlichen Snapchat mindestens mehrfach in der Woche.

Das Besondere an diesem Dienst war und ist, dass die Bilder, die gepostet werden, sich selbst zerstören. Wenn ein Nutzer ein Bild oder kurzes Video an Freunde verschickt, wird dies automatisch nach einigen Sekunden gelöscht. Selbstverständlich können die Bilder mit Text oder Zeichnungen versehen werden.

Die Installation ist einfach: nach dem Download werden – wie üblich – die persönlichen Daten abgefragt. Die Angabe einer Handynummer ist notwendig, weil per SMS ein Code gesendet wird, der für die Bestätigung des Accounts notwendig ist. Dann ist man auch schon im Programm, und die Kamera ist aktiviert! Es kann also passieren, dass man schnell etwas postet, was man eigentlich nicht verschicken wollte. Noch eine kurze Erklärung zur Oberfläche.

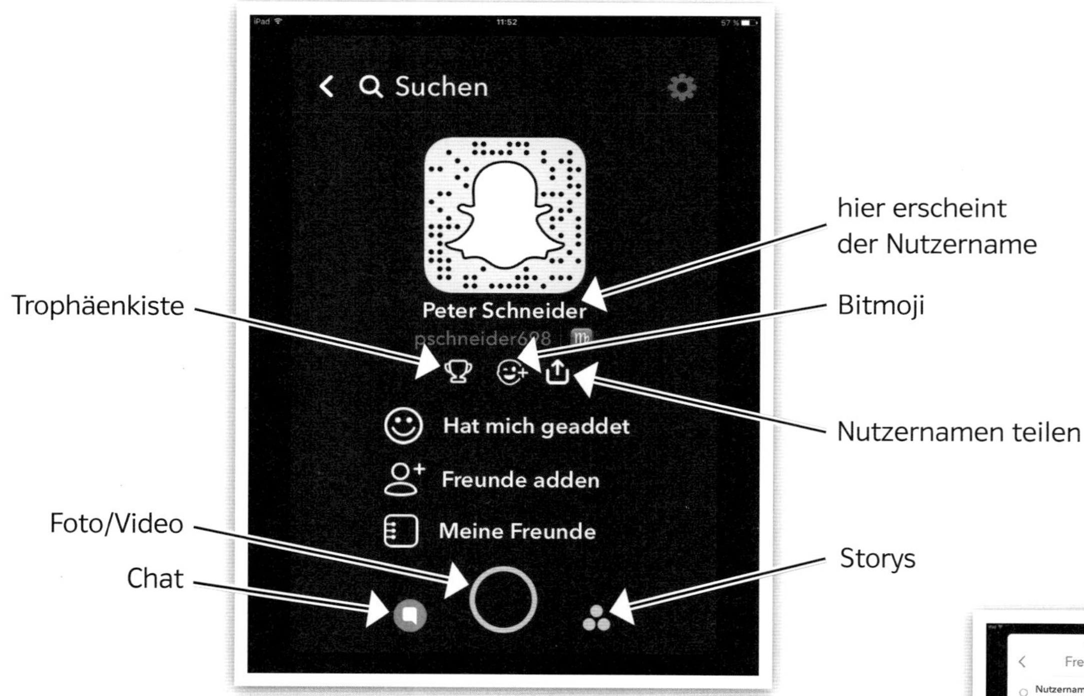

Über „Chat" beginnt man eine Unterhaltung; über „Storys" kann ich kurze Geschichten anhand von Bildern erzählen. Wenn ich den Kameraknopf in der Mitte anklicke, mache ich ein Foto. Wenn ich die Taste festhalte, nehme ich ein Video auf.

Bevor man eine Chatnachricht verschickt, müssen „Freunde" gefunden werden; dabei hat man verschiedene Möglichkeiten (siehe Abbildung rechts).

Snapchat – Bildbearbeitung

Wenn man einen „Snap“ gemacht hat, sieht das Bild z. B. so aus.

Die einzelnen Menüpunkte sollen kurz erklärt werden.

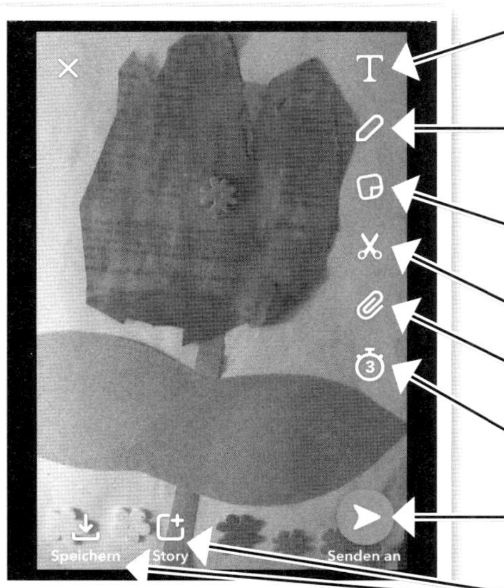

Hier kann man Text eingeben und die Farbe der Schrift festlegen.

Über dieses Symbol können Symbole auf das Bild gesetzt werden.

Hiermit wird ein Raster (anhand verschiedener Vorlagen) über das Bild gelegt.

Über diese Funktion kann ein Sticker hergestellt werden.

Dem Snap kann ein Link zugefügt werden.

Hier kann man die Dauer bestimmen, wie lange das Bild zu sehen ist.

Über diesen Button wird der Snap gepostet.

Über diese beiden Buttons kann das Bild gespeichert oder in eine Story integriert werden.

Das Bild könnte dann z. B. wie in der rechten Abbildung aussehen. Am besten probiert man die verschiedenen Möglichkeiten aus, um sich einen Überblick über das gesamte Repertoire zu verschaffen.

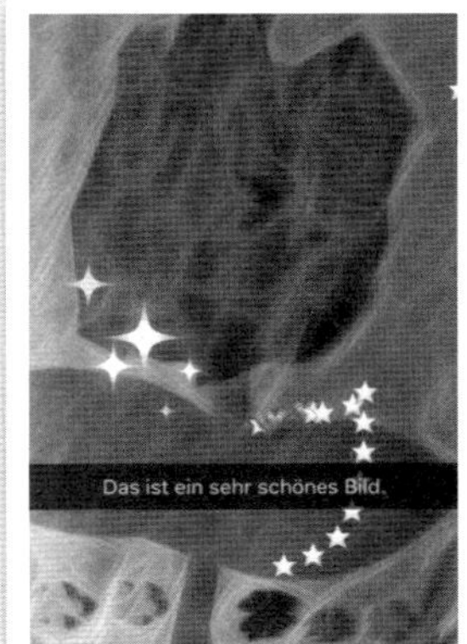

Einzelne Snaps können über den o. a. Menüpunkt zu einem Album, einer Story zusammengefasst werden, die 24 Stunden für Freunde sichtbar bleibt. Das Programm gibt dafür drei Varianten vor.

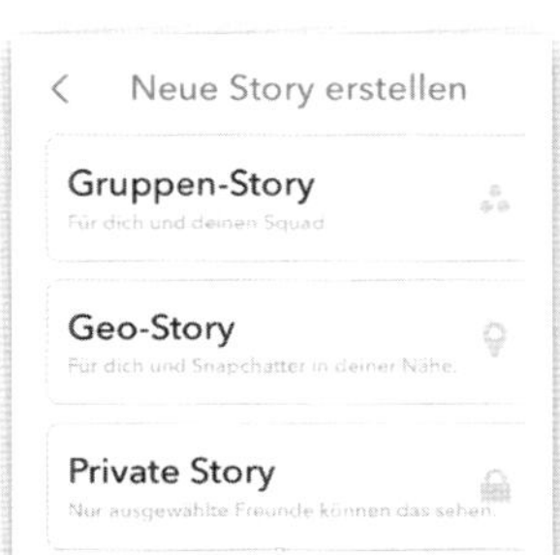

Snaps kann man über diesen Button Story am unteren Bildrand der Story, wie bereits gezeigt, zufügen.

Zu den einzelnen Menüpunkten innerhalb dieser App gelangt man durch Wischen, nach unten, nach rechts oder links und nach oben oder durch Tippen auf den Bildschirm.

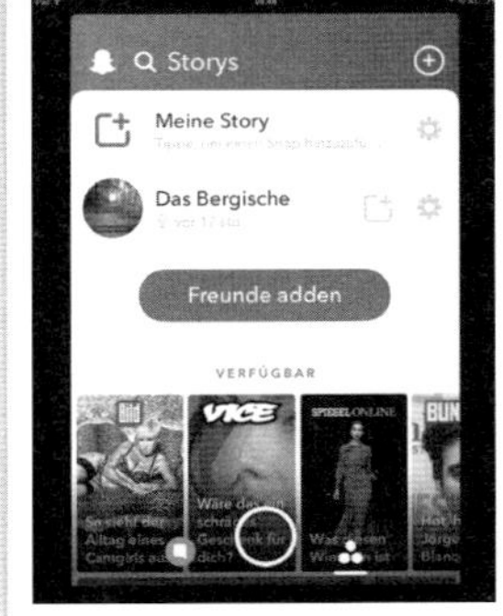

Selbstverständlich kann man sich auch Tausende von Snaps und Storys ansehen, die auf der Plattform vorhanden sind. Dies können Snaps sein, aber auch Videos.

Für die meist jugendlichen Nutzer ist auch das Belohnungssystem interessant. Ein grinsender Smiley signalisiert dem Nutzer z. B., dass der Freund viele Snaps verschickt, aber keine Antwort erhält. Hierdurch wird auf die User ein gewisser Druck ausgeübt.

Ein Nachteil dieser App ist u. a., dass die Daten über Server in den USA laufen und gespeichert werden und damit nicht den strengeren deutschen bzw. europäischen Datenschutzbestimmungen unterliegen.

AUFGABE Stelle die Vorteile dieser App den Nachteilen gegenüber. Zu welchem Urteil kommst du?

Knuddels – Übersicht

Ein weiterer Chatroom ist unter *www.knuddels.de* zu finden. Die Webseite bietet darüber hinaus aber auch die Möglichkeit des Datenaustausches in einer Community. Hier soll aber nur über die Chat-Möglichkeit berichtet werden.

Über die kostenlose Registrierung oder die Anmeldung über einen Facebook-Account gelangt man in den Chat-Bereich.

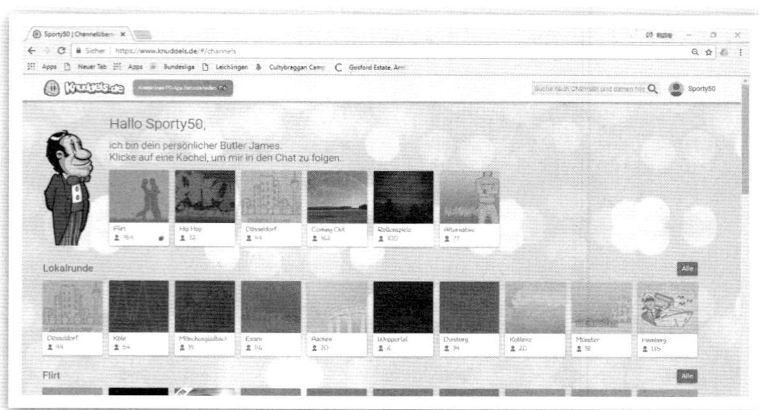

Hier werden verschiedene Themen angeboten, z. B. ***Chat, Videochannel, Lokalrunde, Nutzer Channel, Spiele*** u. a.

Außerdem besteht die Möglichkeit, über Themenbereich ins Chat zu gelangen, z. B. ***Musik, Sport***, ***Unter 18*** u. v. a.

Wenn man dort den gewünschten Channel angeklickt hat, kann man über den gewählten Nicknamen und das Passwort in den Chat eintreten.

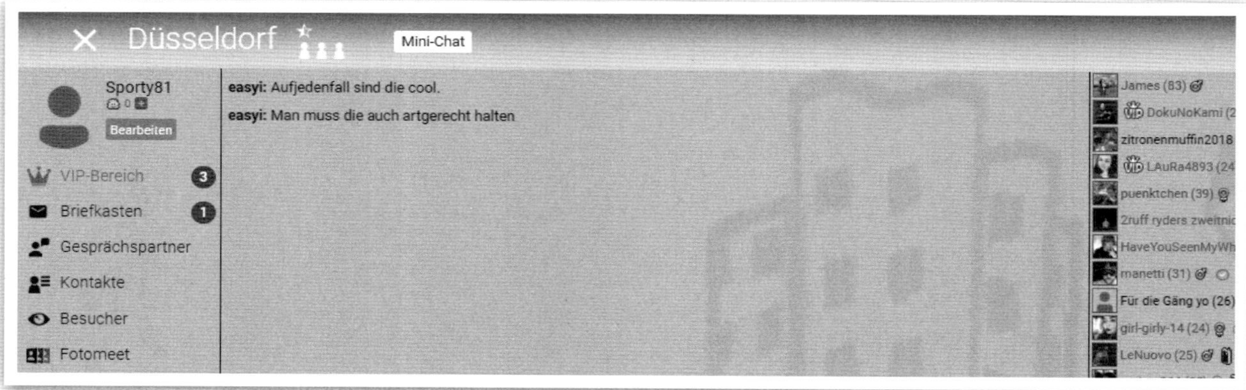

Knuddels ist bei Kindern und Jugendlichen sehr beliebt, bietet aber auch Erwachsenen die Möglichkeit, in entsprechenden Channels (z. B. Hamburg oder Weihnachtsmarkt) zu chatten.

Kwick – Übersicht

Ein weiterer beliebter Chatroom ist unter der Adresse *www.kwick.de* zu finden. Wie viele andere Chats richtet sich KWICK in erster Linie an Schüler und hat über eine Million registrierte Nutzer.

Zunächst meldet man sich auf der Startseite an. Zur Registrierung erhält man dann einen Aktivierungslink an seine E-Mail-Adresse geschickt. Danach kann man chatten.

Um möglichst schnell viele Freunde zu finden, kann man entweder KWICK mit seinem Facebook-Profil verbinden oder man geht über den Menüpunkt ***Freunde suchen*** (siehe Abbildung rechts).

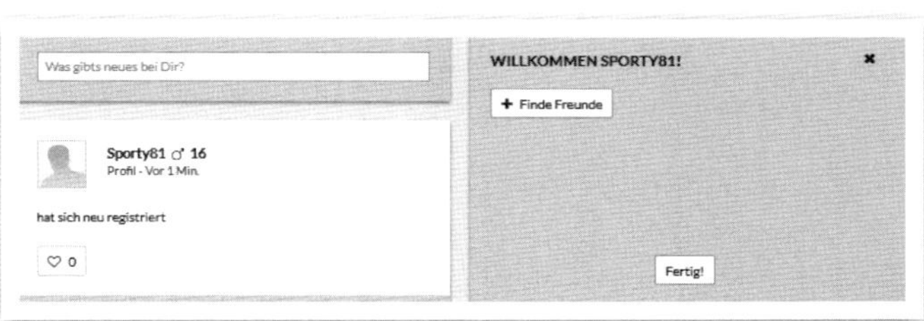

Außerdem bietet KWICK eine Reihe von Möglichkeiten, die soziale Netzwerke haben. Sie findet man in dem Kasten am linken Bildrand.

Schließlich findet man weitere Menüpunkte (Profil, Suche, Forum, online, Freunde, Nachrichten, Benutzerkonto) am oberen Bildrand. Die Menüpunkte erklären sich selbst.

Arbeitsblatt: Sicher chatten – Teste dein Wissen

Du kennst dich in verschiedenen Chats inzwischen gut aus. Auf diesem Arbeitsblatt kannst du nun zeigen, was du über sicheres Chatten weißt. Bei den Auswahlantworten können auch mehrere Antworten richtig sein. Bearbeite die Aufgaben zunächst allein. Besprich dann deine Antworten mit deinem Nachbarn oder am Gruppentisch.

AUFGABEN

1 Die Abkürzung ICQ bedeutet:

A Internationaler Chat Quatsch

B I seek you

C Ich chatte quick

2 Das Wort Chat bedeutet so viel wie …

A der Schatz

B die Katze

C plaudern

2 Petra fühlt sich im Chat belästigt. Was macht sie?

A Sie ruft ihre Freundin auf dem Handy an und fragt sie, ob sie auch schon einmal ein solches Problem gehabt hat.

B Sie schaut auf der FAQ-Seite des Anbieters nach, ob dort ein Hinweis steht.

C Sie meldet den Zwischenfall dem Moderator.

3 Bei der Registrierung geht Monique wie folgt vor.

A Sie klickt sich möglichst schnell durch die Bildschirme, damit sie schnell chatten kann.

B Sie liest die Geschäftsbedingungen (AGB) sorgfältig durch.

C Sie achtet darauf, dass die Sicherheitseinstellungen ihre Privatsphäre möglichst gut schützen.

D Sie führt die Registrierung mit ihrer Freundin Ayse durch, damit Ayse auch alle ihre Einstellungen und Passwörter kennt.

4 Wenn Viktor den Chat mit Dennis beendet, schreibt er in der letzten Zeile:

A Mit freundlichen Grüßen

B cu

C Auf Wiedersehen bis zum nächsten Mal

D bb

Arbeitsblatt: Instant Messenger – was ist das?

Eine weitere Möglichkeit, mit anderen in Kontakt zu treten, ist das Instant Messaging. Im Unterschied zum Chat auf einer bestimmten Plattform muss ich hier zunächst ein Programm installieren, den Messenger. Danach kann ich fast in Echtzeit Nachrichten an andere Teilnehmer versenden. Im Prinzip funktioniert Messaging wie telefonieren, nur dass ich nicht spreche, sondern den Text über die Tastatur eingebe.

Die Nachricht muss aber nicht wie E-Mails abgerufen werden, sondern sie erscheint bei dem Teilnehmer sofort auf dem Bildschirm. Selbstverständlich können beim Instant Messaging auch Dateien aller Art versendet werden, also auch Bilder, Videos und Audiofiles.

Warum verwenden Nutzer Instant Messaging, da es auf den ersten Blick doch kaum Unterschiede zum Chatten gibt?

Wenn man chattet, meldet man sich auf einer öffentlichen Plattform an, auf der mehrere Nutzer gleichzeitig angemeldet sind. Im Unterschied dazu benötigt man für das Messaging ein Programm. So findet die „Unterhaltung" nur zwischen den beiden Personen statt. Allerdings kann man auf dem Bildschirm sehen, ob andere Nutzer, die auf meiner Kontaktliste stehen, zurzeit online sind. Diese können zu dem „Gespräch" eingeladen werden, fremde Nutzer können sich aber nicht einklinken. Dies ist ein wesentlicher Unterschied zum Chat.

Anders als beim Chatten kann man auch damit rechnen, dass man bald eine Antwort bekommt, wenn der andere online ist. Im Chat ist das nicht so sicher.

Das nebenstehende Protokoll einer Unterhaltung in einem Messenger zeigt dies.

Beim Instant Messaging gelten natürlich die gleichen Sicherheitstipps wie bei anderen Kontaktmöglichkeiten im Internet:

- Keine Nachrichten von Fremden annehmen.
- Die eigene Kennung nicht an fremde Personen weitergeben.
- Nur wirkliche Freunde in die Kontaktliste aufnehmen.
- Die Messenger-Profile nur sehr sparsam ausfüllen.

AUFGABE

Stelle in einer tabellarischen Übersicht die Merkmale von Chat und Instant Messenger gegenüber.

Instant Messenger – eine kurze Übersicht

Wie überall im Bereich der digitalen Kommunikation wächst auch auf diesem Gebiet die Zahl der Anbieter – und damit der Möglichkeiten. Im Rahmen dieses Buches kann und soll nicht die gesamte Angebotspalette vorgestellt werden, sondern nur eine kleine Auswahl.

ICQ
http://www.icq.de/de

SKYPE
www.skype.com/de/

Yahoo! Messenger
http://de.messenger.yahoo.com

Im Grundsatz unterscheiden sich die Instant Messenger in der Nutzung und in den Funktionen nur unwesentlich.

Für die Jugendlichen ist meist ausschlaggebend, auf welcher Plattform ihre Freunde angemeldet sind. Dieses Programm wird dann meist auch von ihnen genutzt. Es muss aber berücksichtigt werden, dass nicht alle Programme miteinander kommunizieren können.

Die Jugendlichen nutzen den Messenger als Telefonersatz. Wenn der Rechner eingeschaltet ist, steht auch der Messenger zur Verfügung. Die meisten Messenger bieten über die reine Chatfunktion hinaus auch die Möglichkeit, eine Webcam zu integrieren, sodass man sich während der „Unterhaltung" auch sehen kann.

Tipps zu ICQ & Co.

Damit Jugendliche beim Nutzen der Dienste von ICQ & Co. nicht unliebsame Überraschungen erleben, sollten sie einige Dinge bedenken und z. B. bei den Sicherheitseinstellungen entsprechende Vorsichtsmaßnahmen ergreifen. Hier sind einige Hinweise auf kritische Einstellungen.

Abblocken/Ignorieren

Anfragen von Usern, die nicht bekannt sind, sollten grundsätzlich abgelehnt werden. Das gilt natürlich genauso für Dateien, Webcam- und Telefonfunktionen.

Anonym bleiben

Das Profil sollte möglichst anonym gehalten werden. Auf keinen Fall sollten Angaben zum Wohnort oder Alter gemacht werden. Auch mit Fotos sollte man sehr vorsichtig sein. Je nachdem, was man veröffentlicht, könnte man belästigt werden. Das eigene Profil sollten nur wirkliche Freunde bekommen.

Belästigungen melden – Dialoge aufzeichnen

Um auf Belästigungen reagieren zu können, sollte man „logfiles" erstellen. Auf diese Weise kann man später Belästigungen dokumentieren und auch der Polizei oder einer Beschwerdestelle melden.

Gefahren

Wie beim Telefonieren kann die private Unterhaltung zwischen den Usern nicht kontrolliert werden. Unbekannte oder „Freunde" können diese Situation ausnutzen für:

- problematische, oft sexuell motivierte Kontaktversuche,
- den Versand von pornografischem Material, um andere zu schocken und/oder zu belästigen.

Falsche Klicks vermeiden

Man muss genau darauf achten, ob man Links oder Bilder öffnet. Nicht selten verstecken sich dahinter Programme, mit denen Viren oder Spam-E-Mails versendet werden. Also auch hier Vorsicht.

Auf Daten aufpassen

Alle Daten, die vertraulich sind, sollten wirklich nur Freunden gegeben werden; dazu gehören z. B. die Account-Daten oder die Nicknamen. Solche Daten dürfen niemals im sozialen Netzwerk veröffentlicht werden, weil dann dem Missbrauch Tür und Tor geöffnet ist.

Foren – Was versteckt sich hinter diesem Begriff?

Im Web-Lexikon Wikipedia findet man folgende Definition des Forums:

> *„Ein **Internetforum** (lat. forum, Marktplatz), auch Diskussionsforum, ist ein virtueller Platz zum Austausch und Archivierung von Gedanken, Meinungen und Erfahrungen. Die Kommunikation findet dabei asynchron, das heißt nicht in Echtzeit, statt."*

Damit sind die wesentlichen Punkte schon genannt. Früher ging man auf den Markt, um Bekannte und Freunde zu treffen und um mit ihnen Neuigkeiten auszutauschen.

Das ist im Zeitalter des Internets zwar auch noch möglich (und wird auch noch von nicht wenigen Menschen so genutzt), aber die Möglichkeiten, die das Web bietet, sind vielfältiger geworden. Menschen tauschen sich in den Foren des Netzes aus. Dort finden sie Personen mit dem gleichen Interesse und/oder auch mit dem gleichen Problem.

In diese beiden Kategorien kann man die Foren deshalb grob einteilen:

Gleiches Interesse	Gleiches Problem
Hier treffen sich z. B. Computerfreunde, die sich austauschen möchten; ihre Erfahrungen anderen mitteilen. Austausch findet in Foren auch über Spiele, vor allem Computerspiele statt.	z. B. Probleme mit der Einrichtung eines neuen Programms oder einer neuen Software bringen Personen zusammen. z. B. treffen sich hier auch Menschen, die gesundheitliche Probleme haben und wissen möchten, wie andere mit dieser Krankheit umgehen oder umgegangen sind.

Ein Anbieter stellt diese Übersicht vor:

Auf den nächsten Seiten sollen Foren vorgestellt werden, die von Jugendlichen genutzt werden, die in irgendeiner Form Probleme haben und Hilfe suchen:

- Anorexie (Appetitlosigkeit)
- Ritzer
- Selbstmord

Hier suchen Jugendliche in kritischen Situationen Hilfe. Persönliche Gespräche und fachliche Ratschläge wären womöglich (und wahrscheinlich) hilfreicher, aber der Weg über das Internet ist einfacher, weil er anonym erfolgen kann. Ich muss mich mit meinen Fragen und Problemen nicht „outen". Ich kann mir erste Informationen anonym beschaffen.

Pro-Ana- und Pro-Mia-Foren

10 GEBOTE **Montag, 9. März 2009**

1. Wenn ich nicht dünn bin, bin ich nicht attraktiv.
2. Dünn sein ist wichtiger als gesund sein.
3. Ich muss alles dafür tun, dünn auszusehen/zu sein.
4. Du sollst nicht essen, ohne dich schuldig zu fühlen.
5. Du sollst Kalorien zählen und deine Nahrung dementsprechend reduzieren.
6. Du darfst keine DICKMACHER essen, ohne hinterher Gegenmaßnahmen zu ergreifen.
7. Die Waage ist das Wichtigste & du sollst sie ehren.
8. Gewichtsverlust ist GUT, Zunahme ist SCHLECHT!
9. Du bist NIEMALS zu dünn!
10. Nahrungsverweigerung und dünn sein sind Zeichen wahrer Willenskraft und Stärke.

Dieses Zitat aus dem Internet macht deutlich, wie betroffene Jugendliche ihre Situation sehen.

„Dünn ist wichtiger als gesund sein. Du bist niemals zu dünn." Sätze wie diese sind es, die Jugendliche auf sogenannte Pro-Ana- und Pro-Mia-Webseiten locken. Die meist weiblichen Nutzerinnen finden dort Gleichgesinnte, die an Magersucht (Anorexia nervosa) oder Ess-Brechsucht (Bulimia nervosa) leiden.

Quelle: Welt online, 20. 08. 2009

Quelle: http://www.fritz-und-fraenzi.ch/iframe/magazin_01_01.php?aID=101

Was suchen Jugendliche auf solchen Seiten?

„Die überwiegend weiblichen Nutzer suchen in einer kleinen, familiären Gruppe den offenen Austausch über ihre Erkrankung", erklärt Michael Fuchs, der den Blog *„Hungerwelt.de"* betreibt und selbst Betroffener war.

Wegen der Gefahr, die von diesen Webseiten, Foren und Blogs ausgeht, hat z. B. die Organisation für Jugendschutz 600 Webseiten in den Jahren 2008 und 2009 zu diesem Thema überprüft. Rund 80 Prozent davon verstießen gegen den Jugendschutz, *„weil sie Essstörungen propagierten"*, lautet die Bilanz.

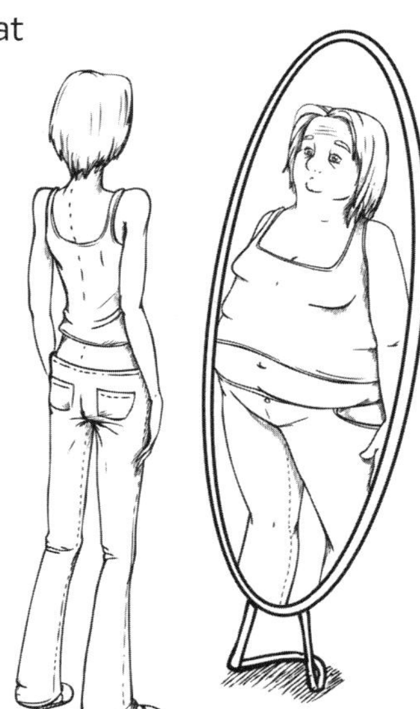

Diese Gefahr sehen die Nutzerinnen in der Regel nicht. Die Seiten der Foren und Communitys sind in zarten Tönen, meist rosa, gehalten und wirken durch ihre filigranen Figuren ansprechend. So möchten die Nutzerinnen auch sein. Sie sind sich in der Mehrheit auch bewusst, dass sie unter einer Krankheit leiden, aber ihnen gelingt es (zumindest im Augenblick) nicht, gegen sie anzukämpfen.

Auf die Gefahren, die von solchen Seiten ausgehen können, haben viele Fachleute hingewiesen. So findet man heute unter der Internetadresse *www.anaundmia.de* einen Überblick empfehlenswerter Anlaufstellen, an welche sich Betroffene wenden können, um Rat zu suchen.

Arbeitsblatt: Anorexie-Foren – helfen sie Magersüchtigen?

„Pro-Ana-Seiten sind für ihre Nutzerinnen eine Stütze, auch wenn diese kontraproduktiv ist", gibt Katrin Raabe von „Essstoerungen.net" zu bedenken. *„Ich kann mir vorstellen, dass manche ziemlich abstürzen, wenn die Seite gesperrt wird."* Sie fordert, dort ein von einem Experten moderiertes Forum anzubieten, das die „Anas" und „Mias" auffängt.

Quelle: http://www.welt.de/gesundheit

AUFGABEN

1 **Besprich diese Aussage mit deinem Nachbarn. Versuche zu erklären, warum Frau Raabe Pro-Ana-Seiten nicht grundsätzlich verbieten will.**

2 **Informiere dich in einem Lexikon oder in Wikipedia über das Krankheitsbild „Magersucht" (Anorexie).**

3 **Informiere dich in einem Lexikon oder in Wikipedia über das Krankheitsbild „Bulimie".**

4 **Fasse die Informationen jeweils kurz zusammen.**

5 **Hast du Erklärungen dafür, warum Jugendliche (vor allem Mädchen) mager sein möchten? Sammele mit deinem Nachbarn (am Gruppentisch) Argumente.**

MAGERMODEL ISABELL CARO IST TOT

Sie war magersüchtig und stellte ihren gepeinigten Körper zur Schau, um andere vor der Krankheit zu warnen. Wie jetzt bekannt wurde, ist das französische Model Isabelle Caro in einem Krankenhaus in Japan gestorben – vermutlich an einer Lungenentzündung.

PARIS – Sie war 1,64 Meter groß und wog gerade einmal 31 Kilo, als sie sich von Starfotograf Oliviero Toscani nackt für eine Kampagne gegen Anorexie fotografieren ließ. Isabelle Caro wollte der Welt zeigen: Der Magerwahn unter Models und in der Gesellschaft ist lebensgefährlich.

Quelle: http://www.spiegel.de/panorama/leute/0,1518,737052,00.html

6 **Suche im Internet Informationen über das Model. Sieh dir dazu auch den folgenden Film an:** *http://www.youtube.com/watch?v=qVuUDAG7Mic*

7 **Erstelle eine Collage, die wenigstens folgende Informationen enthalten soll:**
Beschreibung des Krankheitsbildes „Anorexie", drei Fotos des Models, drei Artikel (aus Zeitungen oder dem Internet) über das Model, Internetadressen (geordnet nach: Texte, Bilder, Filme) zum Thema.

Infoblatt: Selbstverletzendes Verhalten (SVV)-Foren

> *„Mit selbstverletzendem Verhalten (SVV) oder autoaggressivem Verhalten beschreibt man eine ganze Reihe von Verhaltensweisen, bei denen sich betroffene Menschen absichtlich Verletzungen oder Wunden zufügen."*

Quelle: Wikipedia

Ein solches selbstverletzendes Verhalten hat seine Ursachen. Nicht ohne Grund ritzen sich Mädchen und Jungen Arme auf. Die folgende Aufzählung von möglichen Ursachen ist sicher nicht vollständig, sie will es auch gar nicht sein. Auch ist es nicht so, dass jedes dieser Krankheitsbilder die einzige Ursache für selbstverletzendes Verhalten ist – aber sie kann es sein.

- Borderline-Persönlichkeitsstörung
- Essstörungen wie Anorexia nervosa, Bulimie oder Adipositas
- Missbrauchserfahrungen
- Entzug von Zuwendung und „Nestwärme"
- Traumatisierungen
- Körperschema-Störungen (Body Integrity Identity Disorder)
- Zwangsstörungen (OCD: Obsessive-Compulsive Disorder)

Die Selbstverletzungen können in unterschiedlicher Art vorgenommen werden. In Wikipedia werden folgende Verletzungen als die häufigsten erwähnt:

> *„(...) das Aufschneiden, Aufkratzen oder Aufritzen (sog. Ritzen) der Haut an den Armen und Beinen mit spitzen und scharfen Gegenständen wie Rasierklingen, Messern, Scheren oder Scherben; eine Häufung der Narben ist am nicht-dominanten (Unter-)Arm zu finden, aber auch beide Arme können von Narben übersät sein, wie auch zum Beispiel Bauch, Beine, Brust, Genitalien oder das Gesicht."*

Quelle: http://de.wikipedia.org/wiki/Selbstverletzendes_Verhalten

Die Gefahr solcher „Ritzer-Foren" liegt wie bei anderen Foren darin, dass sich Jugendliche in ihrer Erkrankung gestärkt fühlen, indem sie sich mit Gleichgesinnten austauschen. Auch wenn die Verletzungen oft lebensbedrohlich aussehen, so muss man zunächst davon ausgehen, dass eine Selbstmordgefährdung nicht vorliegt. Durch das „Ritzen" wird die Aggression oder Depression vorerst „entladen", die Gefahr ist durch den Abbau von Wut, Spannung oder Selbsthass zunächst gebannt.

Nicht auszuschließen ist aber, dass auf Dauer bei dem Erkrankten der Wunsch zum Suizid entsteht und letztlich auch zum Selbstmord führt. Eine ärztliche Behandlung ist deshalb wesentliche Voraussetzung dafür, dass die zugrunde liegende Erkrankung behandelt wird.

Arbeitsblatt: Selbstmord per Internet planen? – Suizidforen

„Die öffentliche Diskussion über Suizidforen im Internet wurde durch den Suizid einer 17-jährigen Österreicherin und eines 20-jährigen Norwegers durch den Sprung von dem 600 Meter hohen Cliff „Prekestolen" – einer bekannten Attraktion im norwegischen Fjord-Distrikt – in Gang gesetzt. Die beiden sind über Diskussionsgruppen zum Thema Suizid im Internet in Kontakt gekommen. Der junge Mann hat in Beiträgen dieser Diskussionsgruppen dazu eingeladen, mit ihm gemeinsam Selbstmord zu begehen. Aus den Antworten mehrerer junger Frauen wählte er die Österreicherin aus, die schließlich seiner Einladung nach Norwegen folgte und mit ihm in den Tod sprang."

Quelle: www.suizidprophylaxe.de/Tagungen/suizidforen.pdf

Das Internet ist ein Forum, in dem sich die Jugendlichen über ihre Fragen, Sorgen, Nöte austauschen. So natürlich auch bei existenziellen Fragen, also wird auch über einen möglichen Selbstmord im Netz „gesprochen". Das Netz sorgt durch seine Öffentlichkeit dafür, dass dieses Problem stärker ins Bewusstsein gelangt, dass dieses Problem erst sichtbar wird.

Wie Betroffene die Wirkung der Foren sehen, kann am besten mit einem Abschnitt aus einem Forum aus Sicht einer Mutter gezeigt werden, die ihr Kind durch einen Selbstmord verloren hat.

„Einigen Teilnehmern der Suizidforen wird durch die Kontakte und die Möglichkeit des Gedankenaustausches geholfen.

Aber anderen geht es durch die oft depressive Stimmung im Forum schlechter als zuvor. Bestätigt wurde mir dies durch Zuschriften von Leuten, die sich dort aufhielten und Hilfe erhofften, aber noch mehr herunter gerissen wurden und gerade noch den Absprung schafften. Darum habe ich zwar nie ein grundsätzliches Verbot der Suizidforen verlangt, aber eine bessere Kontrolle durch die Administratoren bzw. fachliche Betreuung gefordert, denn es ist ein schmaler Grat, auf denen sich diese Foren bewegen. Im Suizidforum ist man jedoch davon überzeugt, dass alle Kritik unberechtigt ist."

Quelle: www.jana-unvergessen.de/suizidforum.html

In ihrem Beitrag wird deutlich, zwischen welchen Polen ein solches Forum steht:

1. Auf der einen Seite kann der Austausch in einem solchen Forum dazu führen, dass das Problem diskutiert, erkannt und schließlich minimiert wird.
2. Auf der anderen Seite besteht die Gefahr, dass es durch die Kontakte zu Absprachen kommt, die dann zum Selbstmord führen. (siehe oben)

AUFGABE

Sucht in entsprechenden Foren Beiträge, die die Aussagen zu den Punkten 1 und 2 belegen.
Stelle diese Beiträge gegenüber.
Diskutiert. Zu welchem Schluss kommt ihr?

Arbeitsblatt: der neue, virtuelle Marktplatz

> Ich sitze vor einer Mathe-Aufgabe. Das Fahrrad kostet mit der Mehrwertsteuer 421,00 €. Wie rechnet man jetzt die Mehrwertsteuer aus?

> Ich habe eine Frage zu meinem Drucker (Canon PIXMA iP4300). Von Freunden hörte ich, dass ich nur die Original Canon-Patronen nutzen kann. Stimmt das?

> Wenn meine Mutter bei mir so denken würde und sie mir nur noch fettarmes Essen kochen würde, würde ich Luftsprünge machen. Meine will nämlich dass ich zunehme weil ich magersüchtig bin.

Nutzer haben Fragen und möchten entweder eine Lösung des Problems wissen oder über eine Frage „sprechen". Dies geschieht in den unterschiedlichsten Foren.

AUFGABEN

1 **Stelle eine Liste über Foren zusammen, die dich interessieren könnten, und zwar nach folgendem Muster. Du kannst dazu auch ein eigenes Word-Dokument anlegen.**

Name des Forums	Kurze Beschreibung des Forums	Internetadresse

2 **In einem Forum zum Thema „Schule" befindet sich folgende Nachricht:**

Nachricht

Betreff des Beitrags: Mathe Prozentrechnung — **Verfasst:** Do Jun 17, 2010 2:56 pm

Gude ehmm. ich habe mal eine frage zu dieser aufgabe: Peter bekommt 25% auf sein mountainbike und bezahlt nun 500€. Wie viel kostet das Fahrrad normal?

Könnt ihr es aufschreiben und bitte erklären, also die Rechnung 😃😃😃 danke

Ps. schreibe morgen Mathearbeit!!!!!

Würdest du deine Fragen zum Unterricht in einem Forum veröffentlichen? Begründe deine Entscheidung.

Arbeitsblatt: Handy – Telefon oder mehr?

Das Handy ist aus unserem Leben nicht mehr wegzudenken. Die Zahl der Handys steigt von Jahr zu Jahr, wogegen die Anzahl der Festnetzanschlüsse stagniert, bzw. rückläufig ist. Woran liegt das?

Einige Zahlen des Statistischen Bundesamtes für Deutschland:

Festnetzanschlüsse	51 400 000	2018
Mobilfunkverträge	126 300 000	2017
Internetnutzer	66 500 000	2017
Bevölkerung	81 880 000	2014

Wir sind heute mobil. Wir wollen erreichbar sein. Immer und überall. Es sind schon manchmal merkwürdige Situationen, wenn man in der Straßenbahn z. B. solche oder ähnliche Gesprächsfetzen mitbekommt.

„Also, ich sitze noch in der Straßenbahn. – Bist du schon zuhause? – Wir sind an der Haltestelle ‚Altonaer Straße'. Ich bin also in ungefähr 7 Minuten bei dir."

Man kann sich fragen, ob diese Kommunikation notwendig ist. Normalerweise dürfte es ja keine Rolle spielen, ob ich in 7 oder 9 Minuten zuhause bin, aber das Tablet oder das Handy (wie wir in Deutschland sagen, obwohl es das Wort im Englischen gar nicht gibt) ist aus unserem Leben nicht mehr wegzudenken.

In vielen Situationen ist es natürlich auch hilfreich, wenn man ein Handy bei sich trägt. Man ist in einer Clique in der Stadt unterwegs und trennt sich, weil man unterschiedliche Dinge erledigen oder kaufen will. Es wird ein Treffpunkt vereinbart: 16:35 Uhr; Kaufhaus; Eingang Hohe Straße. Doch es kommt anders. Die Anproben verschiedener T-Shirts dauern erheblich länger als geplant. Um die anderen nicht zu lange warten zu lassen, ruft man kurz an und vereinbart eine neue Uhrzeit am Treffpunkt.

Doch ein Handy ist inzwischen bedeutend mehr als ein reines Telefon, das zeigt diese Auflistung von einigen Funktionen, die ein einfaches Smartphone u. a. aufweist:

Organizer:	Kalender, Memofunktion, Rechner, Umrechner, Alarmfunktion, Wecker, Weltuhr, Timer, Stoppuhr Freisprechfunktion, Vibrationsalarm, uTrack
Applikationen:	Es gibt Apps für viele Bereiche, u. a. für: Spiele, Bildung, Reise …

AUFGABEN

1 **Welche Funktionen deines Handys benutzt du am häufigsten? Warum?**

2 **Worauf kommt es dir beim Kauf eines Handys besonders an? Begründe.**

3 **Wie kontrollierst du deine Handykosten?**

Arbeitsblatt: SMS – Short Message Service

Eine wichtige Funktion der Mobiltelefone ist die SMS-Funktion. Jugendliche sitzen auf dem Schulhof, im Bus oder auf dem Sofa und geben (mit dem Daumen) Zeichen in das Handy ein: sie tippen eine SMS. Welche Entwicklung dieser Service in Deutschland in den Jahren 2004 bis 2017 genommen hat, zeigt diese Grafik.

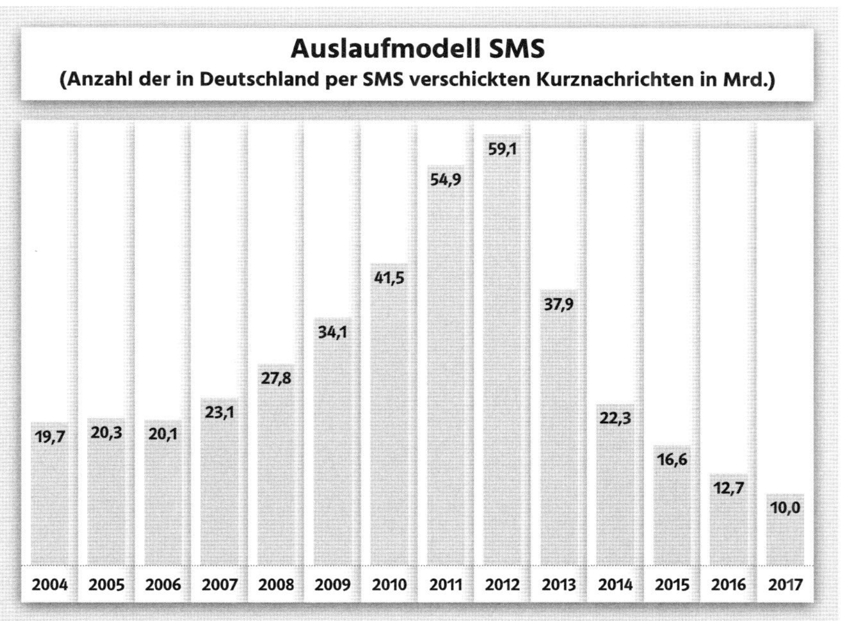

Quelle: Bundesnetzagentur

Die erste SMS wurde erst im Jahre 1992 in Großbritannien verschickt, und zwar von einem Computer auf ein Handy.

AUFGABEN

1 Erläutere aus deiner Sicht die Vorteile einer SMS.

____

____

2 Warum war dieses Kommunikationsmittel so beliebt?

____

____

3 Woran kann der Rückgang der Anzahl der SMS-Nachrichten ab dem Jahre 2012 liegen?

____

____

4 Welche Alternativen zur SMS gibt es?

____

____

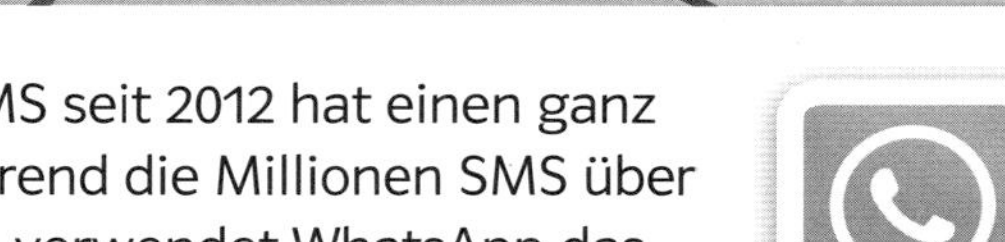

WhatsApp – die neue Form der Handykommunikation?

Die kaum zu glaubende Veränderung in der Nutzung der SMS seit 2012 hat einen ganz einfachen Hintergrund: WhatsApp kam auf den Markt. Während die Millionen SMS über die unterschiedlichen Handytarife in die weite Welt gingen, verwendet WhatsApp das Internet und ist damit (im Prinzip) kostenlos. Facebook erkannte offensichtlich früh die Bedeutung dieser App und kaufte das Unternehmen im Jahre 2014.

So kann man gut verstehen, dass die Nutzer den preiswerteren Weg wählen und die Zahl der SMS schlagartig zurückgegangen ist. Eine einzige Zahl macht deutlich, welche Stellung diese App inzwischen einnimmt. Zum Jahreswechsel 2012/2013 musste WhatsApp 18 Milliarden Nachrichten verarbeiten, die versandt und empfangen wurden.

Anzahl der monatlich aktiven Nutzer von WhatsApp in den Monaten von April 2013 bis Januar 2018 (in Millionen)

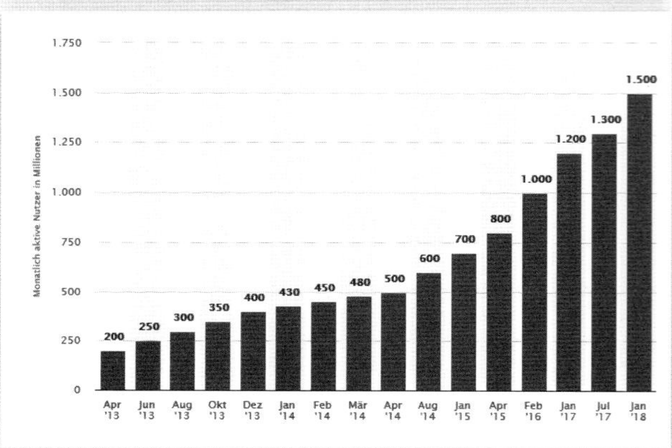

Abb. 1

Anzahl der Nutzer von WhatsApp an den Internetnutzern nach Altersgruppen in Deutschland in 2016

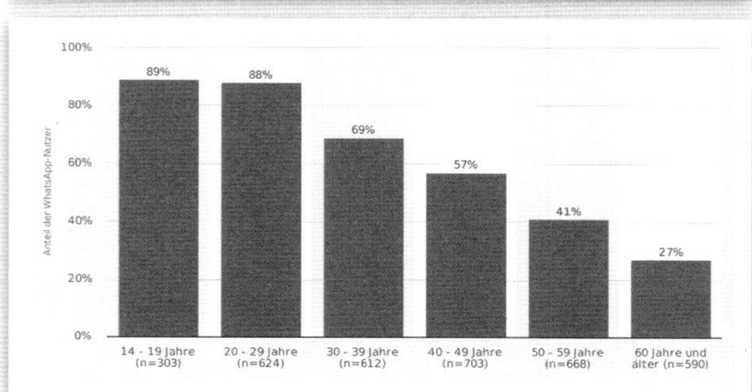

Abb. 2

Wie stark der Dienst WhatsApp in den letzten Jahren zugenommen hat, kann man der Abb. 1 entnehmen. Allerdings zeigt sich auch, dass die Nutzung von WhatsApp in den verschiedenen Altersgruppen sehr unterschiedlich ist, wie die Abb. 2 zeigt.

Inzwischen hat sich die Nutzung dieses Dienstes aber auch verändert. Hier einige Details:

- Bei WhatsApp können Textnachrichten, Bilder, Videos und Tondateien verschickt werden.
- Es können Gruppen eingerichtet werden, zwischen denen die Informationen versendet werden.
- Inzwischen kann man über WhatsApp auch telefonieren.

Der Messenger-Dienst hat aber auch einige Schwachstellen.

- Alle Namen und Nummern aus den Telefonbüchern der Nutzer werden an die Server in den USA übermittelt.
- Amerikanische Behörden können WhatsApp-Nachrichten mitlesen.

AUFGABEN

1 **Stelle Vor- und Nachteile von WhatsApp gegenüber.**

2 **Nutzt du diesen Dienst? Wenn ja, warum?**

3 **Welche Funktionen sind dir in WhatsApp besonders wichtig. Erkläre.**

Arbeitsblatt: Smartphone – noch Telefon oder schon Computer?

„Ein Smartphone ist ein Mobiltelefon, das mehr Computerfunktionalität und -konnektivität als ein herkömmliches fortschrittliches Mobiltelefon offeriert. Aktuelle Smartphones können über zusätzliche Programme (sogenannte APPs) vom Anwender individuell mit neuen Funktionen aufgerüstet werden.

Ein Smartphone kann als PDA – ein Personal Digital Assistant ist ein kleiner transportabler Computer – mit Mobiltelefon-Funktionalität verstanden werden."

Quelle: http://de.wikipedia.org/wiki/Smartphone

Wie sehen solche Smartphones aus und was können sie?
Warum werden Smartphones auch für Jugendliche immer wichtiger?

Wie in der Abbildung zu erkennen ist, kommt der Telefonhörer tatsächlich noch als Icon vor (unten links). Doch Vielzahl der Zeichen weist auf andere Funktionen hin, die mit diesem Gerät möglich sind, hier aber nicht vollständig erwähnt werden:

Uhr, Kalender, Musik, Wetter, E-Mail, Fotos …

Da mit den Smartphones Kontakt zum Internet besteht, ist man mit diesen Geräten auch immer und überall in den sozialen Netzwerken. Ob man auf dem Weg zur Schule, zur Arbeit oder ins Kino ist: man ruft an, schickt eine SMS, sendet eine Mail, ruft die neuesten Mails ab, schickt der Freundin ein Foto, sieht sich in YouTube einen Film an, auf den man in einer SMS hingewiesen wurde, usw.

Das sind kurz umrissen die Möglichkeiten der Smartphones. Da dies offensichtlich vielen Nutzern noch nicht reicht, bieten Firmen sogenannte APPs an. Das sind Zusatzprogramme, die zum Teil kostenlos auf das Smartphone geladen werden können oder die man kaufen muss. Hier ist wiederum die gesamte Bandbreite möglich, die nur in einem kleinen Ausschnitt gezeigt wird:

DB Navigator	Mensch ärgere dich nicht	n-tv	Nike+	Wetter.info
Facebook	Jamie's 20 minute meals	Eurosport	Google Maps	Trapster
Ski Resort	Fahrplan	Starmap	Tagesschau	Wikitude

AUFGABEN

1 **Welche APPs nutzt du? Begründe. Sind diese APPs kostenlos?**

2 **Erstelle eine Liste nach folgendem Muster. Erfasse die APPs, die du nutzt und die APPs der obigen Liste.**

Name der App	Beschreibung	Bild (Icon)	Kosten

Rechtliche Grundlagen in sozialen Netzwerken

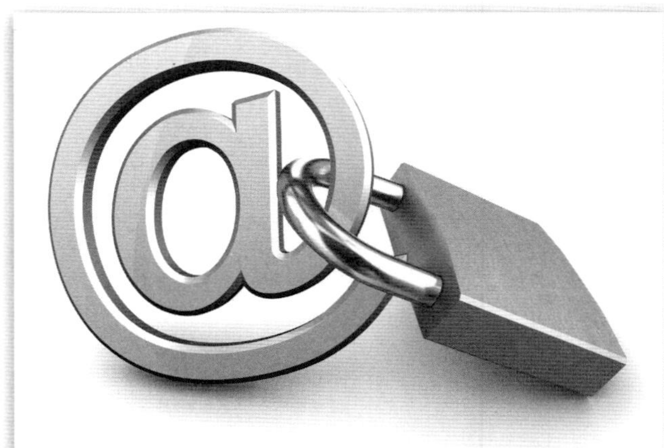

Leider ist es so, dass sich viele Nutzer der sozialen Netzwerke wenig Gedanken darüber machen, was sie auf den Seiten der Netzwerke dürfen – oder eben auch nicht.

Die Geschäftsbedingungen, die man bei der Registrierung angeboten bekommt, werden wahrscheinlich nur in den wenigsten Fällen gelesen. Das ist doch nicht das Interessante an dieser Plattform, also schnell ein Häkchen anklicken, damit man Mitglied dieses Netzwerkes wird.

Da das Anmeldeverfahren voraussetzt, dass eine Reihe von persönlichen Daten preisgegeben wird, findet hier das Datenschutzgesetz Anwendung. Deshalb ist schon an dieser Stelle großer Wert darauf zu legen, dass die Ausführungen der Geschäftsbedingungen eindeutig und vor allem für den Nutzer (hier handelt es sich in unserem Fall um Jugendliche) lesbar und verständlich sind. Der Nutzer erklärt durch seine Bestätigung, dass er mit der Speicherung und Weitergabe der Daten im Rahmen der bestehenden Gesetzgebung (Datenschutz-Grundverordnung, Bundesdatenschutzgesetz, Telemediengesetz, Telekommunikationsgesetz) einverstanden ist.

Der Nutzer/Anwender muss sich darüber im Klaren sein, dass er bestimmte Grundlagen beachten muss, wenn er sich z. B. zu bestimmten Personen oder Sachverhalten äußert. Die Privatsphäre von Personen muss auf jeden Fall gewahrt bleiben. Auch dürfen Personen auf keinen Fall beleidigt werden.

Wenn man auf seinen Seiten Bilder oder Fotos zeigen möchte, so sind hier zwei Aspekte zu beachten.

1) Die gezeigten Personen müssen sich damit einverstanden erklärt haben, dass diese Bilder im Netz gezeigt werden. Das besagen die sogenannten Persönlichkeitsrechte.

2) Weiter hat der Nutzer aber auch darauf zu achten, dass keine Urheberrechte verletzt werden.

Nach diesem kurzen Überblick sollen einige Grundlagen etwas ausführlicher dargestellt werden, indem die entsprechenden Passagen, z. B. aus dem Strafgesetzbuch, zitiert werden. Damit wird vielleicht eher deutlich, worauf zu achten ist, wenn man sich in sozialen Netzwerken bewegt.

Auf dieser Seite werden einige Paragrafen zitiert, die man als Nutzer sozialer Netzwerke im Blick haben muss.

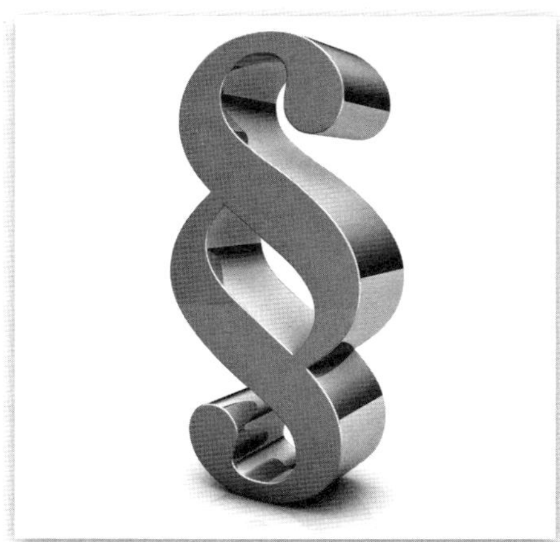

§ 185 StGB Beleidigung

Die Beleidigung wird mit Freiheitsstrafe bis zu einem Jahr oder mit Geldstrafe und, wenn die Beleidigung mittels einer Tätlichkeit begangen wird, mit Freiheitsstrafe bis zu zwei Jahren oder mit Geldstrafe bestraft.

§ 186 StGB Üble Nachrede

Wer in Beziehung auf einen anderen eine Tatsache behauptet oder verbreitet, welche denselben verächtlich zu machen oder in der öffentlichen Meinung herabzuwürdigen geeignet ist, wird, wenn nicht diese Tatsache erweislich wahr ist, mit Freiheitsstrafe bis zu einem Jahr oder mit Geldstrafe und, wenn die Tat öffentlich oder durch Verbreiten von Schriften (§ 11 Abs. 3) begangen ist, mit Freiheitsstrafe bis zu zwei Jahren oder mit Geldstrafe bestraft.

§ 187 StGB Verleumdung

Wer wider besseres Wissen in Beziehung auf einen anderen eine unwahre Tatsache behauptet oder verbreitet, welche denselben verächtlich zu machen oder in der öffentlichen Meinung herabzuwürdigen oder dessen Kredit zu gefährden geeignet ist, wird mit Freiheitsstrafe bis zu zwei Jahren oder mit Geldstrafe und, wenn die Tat öffentlich, in einer Versammlung oder durch Verbreiten von Schriften (§ 11 Abs. 3) begangen ist, mit Freiheitsstrafe bis zu fünf Jahren oder mit Geldstrafe bestraft.

§ 238 StGB Nachstellung

(1) Wer einem Menschen unbefugt nachstellt, indem er beharrlich (…)

(2) unter Verwendung von Telekommunikationsmitteln oder sonstigen Mitteln der Kommunikation oder über Dritte Kontakt zu ihm herzustellen versucht, (…)

(5) eine andere vergleichbare Handlung vornimmt und dadurch seine Lebensgestaltung schwerwiegend beeinträchtigt, wird mit Freiheitsstrafe bis zu drei Jahren oder mit Geldstrafe bestraft.

§ 22 KunstUrhG

Bildnisse dürfen nur mit Einwilligung des Abgebildeten verbreitet oder öffentlich zur Schau gestellt werden (…)

Arbeitsblatt: Verhaltenskodex – Pflichten der Anbieter

Die Betreiber von sozialen Netzwerken haben ein Interesse daran, dass Missbrauch möglichst vermieden wird. Die entsprechenden Einverständniserklärungen, die bei der Registrierung akzeptiert werden müssen, sind aus diesem Grund in den vergangenen Jahren überarbeitet worden. Der Druck aus der Öffentlichkeit war zum Teil erheblich.

Deshalb haben die EU-Kommission und Vertreter sozialer Netzwerke eine Selbstverpflichtungserklärung für den Jugendschutz im Jahre 2009 vorgestellt. In dieser Erklärung werden sieben Grundsätze für einen besseren Jugendschutz formuliert. Auch wenn dies ein erster Schritt in die richtige Richtung ist, so bleibt es doch nur ein Anfang; denn die Anbieter haben sich in dieser Erklärung nicht auf eine einheitliche Umsetzung festgelegt.

Diese Erklärung wurde u. a. von folgenden Firmen unterzeichnet: Facebook, google, myspace, yahoo …

Die sieben Punkte der Erklärung umfassen folgende Bereiche:

1. Informationspflichten
2. Altersdifferenzierung beim Zugriff auf Inhalte
3. Ermächtigung von Jugendlichen und ihren Eltern zum Selbstschutz sowie voreingestellte Datenschutzeinstellungen für Kinder und Jugendliche
4. Die Profile der Nutzer sollen automatisch von der Suche über das Portal ausgeschlossen sein
5. Zugriff und Kontakt soll nur „befreundeten" Nutzern möglich sein
6. Moderationsfunktion für junge Nutzer
7. Meldefunktionen für Missbrauchsfälle und Zusammenarbeit mit den Behörden

AUFGABE

Entscheide, welcher der o. a. Punkte der EU-Erklärung für dich besonders wichtig ist. Begründe deine Entscheidung.

Um mit Jugendlichen über die Probleme zu sprechen, die mit der Nutzung der sozialen Netzwerke verbunden sind, müssen sich die Lehrkräfte zunächst über diese informieren. Dabei reicht es nicht aus, sich in einer Fachzeitschrift ein Grundwissen anzulesen, sondern man sollte sich durch eine Anmeldung in einem solchen Netzwerk selbst ein Bild davon machen, welche Möglichkeiten eine solche Plattform bietet, um dann auch auf die damit verbundenen Risiken hinweisen zu können.

Hilfreich sind auch Seiten, die sich speziell mit Online-Netzwerken und deren Risiken befassen, wie z. B. die Seite Klicksafe *http://www.klicksafe.de*. Hier erhalten auch Lehrkräfte (und Eltern) umfassende Informationen zu diesem Thema.

Es kann dann sicher nicht darum gehen, den Jugendlichen den Umgang (wegen der bestehenden Risiken) zu verbieten. Wichtig ist es vielmehr, dass die Lehrkräfte sachlich auf verschiedene Punkte eingehen, die im weiteren Verlauf kurz skizziert werden.

Das richtige Netzwerk auswählen

Es gibt eine Vielzahl von Netzwerken, die sich jeweils an verschiedene User-Gruppen wenden; für die Jugendlichen scheidet ein Netzwerk wie z. B. XING aus, das sich als Plattform für berufliche Kontakte versteht.

Nicht zu viel Persönliches preisgeben

In Gesprächen sollten die Lehrkräfte eindringlich vor den Gefahren warnen, die damit verbunden sind, wenn man zu viel Persönliches in dem sozialen Netzwerk von sich preisgibt. Zu leicht kann ein Netzwerk aus den vorhandenen Informationen ein Profil erstellen. Noch kritischer wäre es, wenn Daten wie z. B. die Telefonnummer, Handynummer, vollständige Vor- und Zunamen bekannt gegeben würden. Niemals dürfen Passwörter oder Bankverbindungsdaten in den Netzwerken genannt werden.

Bilder sorgsam auswählen

Den Jugendlichen muss klar sein, dass nicht jedes Fotos ins Netz gestellt werden darf. Grundsätzlich müssen alle um die Erlaubnis gefragt werden, die auf dem Foto zu sehen sind. Außerdem ist zu bedenken, dass womöglich später noch auf diese Bilder zurückgegriffen werden kann, da ein Löschen nur schwer möglich ist.

Rechte anderer achten

So wie bei eigenen Fotos darauf zu achten ist, die Erlaubnis der Beteiligten vor der Veröffentlichung einzuholen, so ist andererseits darauf zu achten, dass die Rechte anderer nicht verletzt werden. Bilder und Texte aus dem Internet dürfen nicht ohne Weiteres genutzt werden.

Einstellungen überprüfen

Die Jugendlichen sollten darauf hingewiesen werden, dass möglichst hohe Sicherheitseinstellungen gewählt werden, damit ein möglicher Missbrauch nur in geringem Umfang möglich wird. Nicht jeder Netzwerk-Nutzer muss alle Daten sehen können.

Was kann die Schule tun? (2)

Getrennte Profile anlegen

Wenn ein Jugendlicher in mehreren Netzwerken angemeldet ist, sollte er auch mehrere Profile anlegen. Dazu wählt man Alias-Namen, die nicht sofort auf den richtigen Vor- und Zunamen schließen lassen. Außerdem sollten die E-Mail-Adressen ebenfalls so angelegt sein, dass ein direkter Rückschluss auf den Namen nicht möglich ist.

Auf Nummer sicher gehen

Dem Jugendlichen muss klar sein, dass er niemals Passwörter und Zugangsdaten weitergeben darf.

Auf den Umgang achten

Eltern sollten nach Möglichkeit darauf achten, in welchen Gruppen der Jugendliche angemeldet ist. In bestimmten Gruppen sollte das Kind auf keinen Fall angemeldet sein, so beispielsweise in Hassgruppen oder sogenannten Ana-Foren.

Verstöße dokumentieren

Jedes Mitglied in einem Netzwerk sollte Verstöße gegen bestehende Regelungen dokumentieren, am besten dadurch, dass ein Screenshot (Foto des derzeitigen Bildschirms) angefertigt wird. Über die Taste „Druck“ wird der Bildschirminhalt sofort ausgedruckt. Durch den Screenshot kann die Beleidigung, die Verletzung eindeutig festgehalten werden.

Tipps und Empfehlungen für Lehrkräfte

Halten Sie sich über die aktuellen Entwicklungen im Bereich elektronischer Medien auf dem Laufenden und machen Sie sich insbesondere mit der Nutzung der Neuen Medien vertraut.

Legen Sie verbindliche Standards für die Nutzung von Medien wie Internet und Handy an Ihrer Schule fest und informieren Sie über Konsequenzen bei Nichtbeachtung. Achten Sie auf die Einhaltung der Regeln und ziehen Sie die Konsequenzen bei Übertretungen.

Für die medienpädagogische Arbeit ist es wichtig, Jugendlichen immer wieder deutlich zu machen, dass Medien (insbesondere auch Darstellungen im Internet) nicht die Realität abbilden.

Vermitteln Sie Jugendlichen, Medieninhalte zu verstehen und einzuordnen.

Unterrichten Sie sie über mögliche Gefahren und deren Verhinderung.

Vereinbaren Sie mit Ihren Kolleginnen und Kollegen beispielsweise jährlich einen Schwerpunkttag zum Thema „Medienkompetenz“. Beziehen Sie dabei auch die Schüler- oder Jugendverwaltung mit ein.

Positive Nutzung der Neuen Medien fördern

Sicherlich gehört heute zum Programm einer jeden Schule, die Jugendlichen im Bereich der Medien zu fördern. Medienkompetenz ist ein Muss für jedes Schulprogramm. Was sollte sich hinter diesem Begriff verstecken?

Meist wird unter „Medienkompetenz" verstanden, dass die Jugendlichen das Werkzeug erhalten, um mit den Neuen Medien umgehen zu können. Das ist aber nur der eine Teil dieser Kompetenz, wie die Grafik es auch zeigt. Jugendliche kennen sich mit den Neuen Medien durch den täglichen Umgang mit ihnen oft besser aus als die Lehrkräfte.

Medienwissen | Mediennutzung | Medienreflexion | Medienkompetenz

Über das reine Wissen über Medien hinaus ist es genauso wichtig, vielleicht sogar wichtiger, den Schülerinnen und Schülern Hilfen in der Nutzung der inzwischen vielfältigen Medien zu geben, damit sie sich im Dschungel der Möglichkeiten, die z. B. auch das Internet bietet, zurechtfinden.

Dazu ist es unter anderem notwendig, dass die Jugendlichen die rechtlichen Rahmenbedingungen kennen, die im Umgang mit den Neuen Medien herrschen.

Schließlich ist ein wichtiger Bestandteil der Medienkompetenz, über die Nutzung dieser Neuen Medien nachzudenken. So muss Schule den Jugendlichen einen Umgang mit den Medien vermitteln, der ihrer Persönlichkeit nicht schadet. Der Jugendliche muss z. B. erkennen, welchen Schaden eine exzessive Nutzung des Internets anrichten kann; einen Schaden, der bis zur Abhängigkeit führen kann.

Auch muss den Jugendlichen vermittelt werden, dass der Umgang mit den Neuen Medien der Gesellschaft keinen Schaden zufügt. Die anderen haben wie jeder Mitbürger ein Recht auf Gesundheit und Schutz.

So muss jeder Nutzer der Neuen Medien bedenken, dass man seinen Mitmenschen so behandelt, wie man es selbst auch wünscht. Beleidigungen, die bis zum Mobbing führen, sind deshalb in den Netzwerken nicht gestattet und werden dementsprechend auch verfolgt und bestraft.

Arbeitsblatt: Wie nutze ich Internet & Co.?

AUFGABEN

1 Informiere dich über das Thema „Internetsucht“ und schreibe dazu ein kurzes Statement (5–10 Sätze).

____

____

____

____

____

____

____

____

____

2 Besprich mit deinem Nachbarn, wie ihr das Internet nutzt.

a) Wie viel Zeit verwendet ihr jeden Tag dafür?
b) Welche Themen (Seiten) sind für euch interessant?

Tragt die Ergebnisse in einer Übersicht zusammen. Wertet die Ergebnisse aus, indem ihr z. B. eine Hitliste der Themen (der besuchten Seiten) aufstellt.

Wir erstellen einen Verhaltenskodex

Wenn die Schule den Jugendlichen das Rüstzeug für den Umgang mit sozialen Netzwerken, mit Foren, mit Chats und ICQs gegeben hat, liegt es an ihr, auch im bestimmten Rahmen dafür zu sorgen, dass Grundregeln eingehalten werden.

Die Initiative *klicksafe.de* hat dazu einen Aufruf entworfen, der zwar stärker in Richtung auf die Gewalt im Netz ausgerichtet ist, der aber grundsätzlich immer sinnvoll ist.

Was soll und was kann Schule leisten?

Schule kann dafür sorgen,

- dass Schüler über ein ausreichendes Wissen bezüglich der sozialen Netzwerke verfügen; dazu müssen die sozialen Netzwerke Thema des Unterrichts werden, nicht nur im Informatikunterricht;
- dass Schüler über eine ausreichende Medienkompetenz verfügen, indem die digitalen Medien in den Unterricht einbezogen werden; so können Vorteile und Nachteile in der Praxis erkannt werden;
- dass Schüler wissen, wo sie sich Hilfen bei Fragen zu den sozialen Netzwerken holen können;
- dass die Eltern über diese Thematik informiert werden;
- dass mit anderen Einrichtungen zusammen gearbeitet wird, die sich mit dieser Thematik befassen; also z. B. der Polizei, dem Jugendamt.

Inzwischen gibt es viele Arbeitsmaterialien, die sich mit dieser Thematik befassen, u.a. auch von den Betreibern der sozialen Netzwerke selbst. Diese sind häufig bereit, ihre Netzwerke in der Schule vorzustellen. Auch das ist eine gute Möglichkeit, sich mit diesem Thema auseinanderzusetzen.

Arbeitsblatt: Wir schließen einen Klassenvertrag

Inzwischen weiß jeder eine Menge über soziale Netzwerke. Damit das Zusammenleben in der Klasse und in der Schule nicht unter der unsachgemäßen Nutzung der sozialen Netzwerke leidet, schließen alle Beteiligten einen Vertrag.

Klassenvertrag

zwischen Schülern, Lehrern und Eltern

Soziale Netzwerke sind eine tolle Sache, an manchen Stellen aber auch problematisch. Wir haben eine Menge über Netzwerke gelernt. Wir treffen folgende Vereinbarungen:

Schülerinnen und Schüler

Meine Rechte	Meine Pflichten
• Ich darf soziale Netzwerke nutzen. • Ich darf die Netzwerke ohne Kontrolle der erwachsenen Unterzeichner nutzen. • Ich darf die sozialen Netzwerke nutzen, ohne dass ich dort beleidigt oder angemacht werde. • ____________	• Die Einstellungen sind grundsätzlich „privat". • Mit meiner Freundesliste gehe ich sorgsam um. • Ich stelle keine Fotos ohne Genehmigung ins Netz. • Ich beschimpfe und belästige niemanden. • ____________

Lehrerinnen und Lehrer

Meine Rechte	Meine Pflichten
• Ich erfahre, wenn Dinge über mich veröffentlicht werden. • ____________	• Ich unterstütze die Nutzung sozialer Netzwerke, indem ich sie im Unterricht zum Thema mache. • ____________

Erziehungsberechtigte

Meine Rechte	Meine Pflichten
• Das Profil schaue ich mit meinem Kind gemeinsam an. • ____________	• Ich erlaube meinem Kind, dass es die sozialen Netzwerke regelmäßig nutzt. • ____________

____________ Unterschrift Lehrkraft

____________ Unterschrift Erziehungsberechtigte

____________ Unterschrift Schüler/in

AUFGABE **Du bist sicher der Meinung, dass noch wichtige Punkte in den einzelnen Feldern fehlen. Ergänze diese. Besprich deine Vorschläge mit deinem Nachbarn/deiner Nachbarin. Überlegt, ob ihr mit eurer Klasse einen solchen Vertrag schließt. Welche Gründe sprechen dafür, welche dagegen?**

Hilfen von außen holen: Polizei, Sozialarbeiter, Mediatoren ...

Der Schule werden immer mehr Aufgaben aufgeladen; manchmal geistert das Wort vom „Reparaturbetrieb" durch die Schule. Bei aller Kritik an diesem Begriff muss aber festgehalten werden, dass die Ansprüche an die Schule immer größer werden. Immer höhere Anforderungen werden an die Schülerinnen und Schüler gestellt, immer mehr Einrichtungen richten Forderungen an die Schule.

Um diesen Aufgaben, die sicherlich ihre Berechtigung haben, gerecht werden zu können, muss die Schule sich Hilfen holen, Hilfen von Sachverständigen. Es gibt eine Reihe von Personen (und Institutionen), die sich intensiv mit dieser Problematik befassen. Deshalb ist es sinnvoll, diese Gruppierungen zu vernetzen und sie als Fachleute in die Schule zu holen.

Polizei

Für die Schule ist es wichtig zu wissen, dass die Polizei in mehreren Bereichen Präventionsarbeit betreibt. Diese Möglichkeit sollte die Schule auf jeden Fall nutzen.

Die Polizei in den Bundesländern haben unterschiedliche Angebote, die sich mit dem Thema „Soziale Netzwerke" befassen. So findet man auf dieser Seite der Bayerischen Polizei Hinweise auf den Umgang mit sozialen Netzwerken.
http://www.polizei.bayern.de/muenchen/schuetzenvorbeugen/kinderundjugend/index.html/90293
Die Polizei in Niedersachsen hat ein Informationsblatt zum Thema „Jugendmedienschutz" veröffentlicht. Diese Aufzählung ließe sich fortsetzen.

Sozialarbeiter/in

Idealerweise hätte jede Schule ihre eigene Sozialarbeiterin/ihren eigenen Sozialarbeiter. Damit wäre ein erster Schritt getan, um die Vernetzung mit allen Einrichtungen der Jugendarbeit auf eine gesicherte Grundlage zu stellen. Die Sozialarbeiterin hat die Kontakte zu diesen Einrichtungen, ist durch Fortbildungen auf dem neuesten Stand und kann in der Schule als unabhängige Kraft Schülerinnen und Schüler informieren oder auch Aktionen planen und durchführen, die sich mit dieser Thematik befassen.

Der Vorteil, nicht in die schulische Arbeit als Lehrkraft eingebunden zu sein, kann die Sozialarbeiterin nutzen, um mit den Jugendlichen frei über diese Thematik und Problematik zu sprechen.

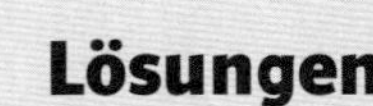

Lösungen

Die Lösungen in diesem Buch können nicht immer eindeutig sein, da sie entweder persönlich geprägt sind oder auch in einem gewissen Maße Spielraum lassen. Ich hoffe, dass sie zumindest eine erste Hilfe bei der Beantwortung der Fragen sind.

SEITE 10

Lösungsvorschlag:

Die Rechte der Bürger werden gestärkt. Man hat ein Recht zu erfahren, welche Daten auf welche Art gespeichert werden; man hat ein Recht auf „Vergessen werden"; man kann Daten bei einem Anbieterwechsel zum neuen Anbieter mitnehmen; die Datenschutzeinstellungen in den Netzwerken müssen strenger werden.

SEITE 13

Lösungsvorschläge:

Die Aufgabe kann nur aus der Situation heraus gelöst werden. Dennoch sollen drei mögliche Kritikpunkte genannt werden. Die Privatsphäre muss besser geschützt werden. Hassbotschaften, Beleidigungen u. Ä. müssen schnell gelöscht werden. Daten von Nutzern dürfen nicht in falsche Hände geraten.
Diese Aufgabe wird nur individuell zu beantworten sein.
Du solltest z. B. folgende Einstellungen überprüfen: Standortfreigabe, Werbeanzeigen, Cookies.

SEITE 40

Die Aussagen sind nicht immer eindeutig zuzuordnen. Die Deutsch-Note kann man womöglich seinen „wirklichen" Freunden mitteilen, es kann unter „Freunden" aber auch passieren, dass es dadurch zu Hänseleien kommt. Dieser Aspekt sollte in der Gruppe diskutiert werden.

Privat	Nur für Freunde	Öffentlich	Nicht eindeutig
Freund	Eltern	Musik	rauche
Angst	Geburtstag	Auto	Schule
Taschengeld	Lehrer blöd	Hobbys	Deutsch-Note
verliebt	Lehrer super	Hundenamen	
		Ferien	
		Film	
		Lieblingsgetränk	
		Sport	

SEITE 41

Bild 1: Ja. Fotos, die ich selbst gemacht habe und auf denen keine Personen gut zu erkennen sind, darf ich auch veröffentlichen.

Bild 2: Nein. Sylvia muss Christinas Freund fragen, weil sonst sein Persönlichkeitsrecht verletzt wird. Es reicht nicht, Christina zu fragen.

Bild 3: Ja oder Nein. Bilder aus dem Internet dürfen nicht ohne weiteres in eigenen Galerien veröffentlicht werden. Wenn es sich um ein Foto handelt, das keinen Copyright-Vermerk hat, muss auf jeden Fall die Quelle genannt werden. Sollte das Foto einen Copyright-Vermerk tragen, darf es nicht veröffentlicht werden. Es gibt inzwischen auch Firmen, die ihre Bilder ins Netz stellen und die gegen eine Gebühr heruntergeladen werden können.

Zu Bild 2 könnte der „richtige" Text heißen: … Obwohl es Christinas Freund ist, muss Sylvia ihn persönlich fragen, ob sie das Bild ins Netz stellen darf.

SEITE 42

In der Partnerarbeit sollten folgende Kriterien erarbeitet werden:

- Landschaftsaufnahmen
- Aufnahmen, auf denen die Personen nicht im Vordergrund der Aufnahme stehen
- Personenaufnahmen, wenn die Genehmigung aller Personen vorliegt
- Bilder aus dem Internet, wenn die beim Bild hinterlegten Nutzungsbedingungen eingehalten werden

Beispiel	Darf veröffentlicht werden	Darf nicht veröffentlicht werden
Bruno ist Fan von Take That. Er möchte eine Gruppe in Facebook gründen und dabei das Plattencover der letzten CD verwenden.		X
Fatihs Fußballmannschaft ist Kreismeister geworden. Sein Vater hat ein Foto im Stadion gemacht.		X
Sonja liebt ihren Beagle Tessa. Ihre Mutter hat im Garten ein Foto von ihnen gemacht.	X	
Katrin hat ein Foto von ihrer Konfirmation, auf der die gesamte Verwandtschaft zu sehen ist. Sie hat alle gefragt, ob sie die Fotos ins Netz stellen darf. Sie sind alle einverstanden, nur Onkel Paul nicht.		X
Hendrik ist Fan vom FC St. Pauli und möchte eine Fan-Seite im Netz veröffentlichen. Er fragt beim Verein an, ob er das Logo und andere Bilder von der Homepage verwenden darf. Bis heute hat er noch keine Antwort.		X
Lisa hat ihren letzten Urlaub auf Sylt verbracht und über 100 Fotos mitgebracht. Sie möchte gern im Netz eine Galerie anlegen.	X	(X)
Ralf fotografiert Burgen und Schlösser. Auf den Fotos sind nur selten Personen zu sehen und wenn, dann nur sehr klein in einem kleinen Bildausschnitt.	X	
Rita hat ein Logo für einen Verein entworfen und dieses ohne Vorlage selbst gezeichnet.	X	

SEITE 46

Hier sollten einige Einstellungen geändert werden. Auch hier ist natürlich – wie an vielen Stellen – die persönliche Ansicht maßgebend. Grundsätzlich sollte sehr genau überlegt werden, welche Informationen öffentlich preisgegeben werden.

SEITE 47

Aussage	richtig	falsch
Der Nutzer des Netzwerkes muss mindestens 13 Jahre alt sein.		X
Der Betreiber des Netzwerkes kann die Inhalte überprüfen, ob sie gegen bestehende Gesetze verstoßen.	X	
Der Betreiber darf Inhalte, die von Nutzern ins Netz gestellt wurden, technisch aufbereiten.		X
Wenn ein Nutzer gegen die AGB verstößt, muss er ein Bußgeld von 50,00 € zahlen.		X
Der Nutzer muss bei der Anmeldung seine Handynummer angeben.		X
Bei Kündigung erhält der Nutzer alle Inhalte zurück.		X
Der Nutzer hat keinen Anspruch auf bestimmte, fehlerfreie Dienste.	X	
Der Nutzer sollte sich mit seinem Nickname anmelden.	X	
Du kannst dich von dem Netzwerk nur abmelden, wenn du eine SMS an LizzyNet schickst.		X
Das Netzwerk darfst du nur für private Zwecke nutzen.	X	
Du darfst Bilder und Filme im Netzwerk veröffentlichen, egal, was sie zeigen.		X
Für einzelne Dienste kann LizzyNet z. B. die Einwilligung der Erziehungsberechtigten einholen.	X	
Wenn du dich an bestimmte Regeln der AGB nicht hältst, kann dein Zugang von LizzyNet gesperrt werden.	X	
Von Inhalten, die du über LizzyNet veröffentlichst, musst du Sicherheitskopien speichern.	X	
Wenn du eine eigene LizzyNet-Homepage erstellst, musst du dort keine Angaben (Name, Telefonnummer, Wohnort …) machen.		X
Du kannst die Mitgliedschaft bei LizzyNet mit einer Frist von einer Woche kündigen.		X
Wenn andere Nutzer gegen die Geschäftsbedingungen verstoßen, soll man dies LizzyNet melden.	X	

Lösungen

SEITE 50

Natürlich gibt es weitere Emoticons und Smileys. Die Liste kann weiter ergänzt werden.

Das Wort **Emoticons** ist eine Zusammenfassung der Worte **Emotion** und **Icon.** Einige bekannte Emoticons haben wir hier zusammengefasst:

:-)	Smiley, lächelndes Gesicht, der Klassiker!
:-(	ein trauriges Gesicht, ebenfalls ein Klassiker!
:-))	Steigerung der Freude
:-((	Steigerung der Trauer
:-D	lachen
;-)	mit einem Auge zwinkern
:-p	Zunge rausstrecken (lustig gemeint)
:-|	hmmm, ich weiß nicht, wortlos
:-/	Finde ich nicht gut, mag ich nicht
:-o	Oh, überrascht
:-X	Kuss. Alternativ: Da sag ich lieber nichts zu.
:'-(	weinen
:o)	Ich mache den Clown

Smileys (eine Auswahl)

 lächelndes Smiley

 zwinkerndes Smiley

 überraschtes Smiley

 trauriges Smiley

 errötendes Smiley

 küssendes Smiley

Natürlich gibt es weitere Emoticons und Smileys. Hier kannst du die Liste ergänzen.

:]	Alternative zum Standard-Smiley
:-Q	rauchen (Zigarette im Mund), rauchender Smiley
=:-)	frecher Junge, auch: Punker

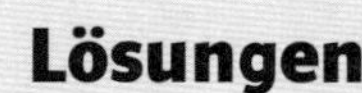

SEITE 51

Hier siehst du eine Auswahl an Akronymen. Ergänze.

cu	(see you) = (see you) = tschüs/wir sehen uns wieder
bb	(bye bye) = (bye bye) = tschüs/auch: bis bald
wb	(welcome back) = (welcome back) = willkommen zurück
4U	(for you) = (four you) = für dich
kk	kein Kommentar
np	(no problem) = (no problem) = kein Problem
N8	Nacht = gute Nacht
LG	liebe Grüße
GG	doppeltes Grinsen/großes Grinsen
TY	(thank you) = danke dir
HDL	Hab Dich Lieb
sry	(sorry) = Entschuldigung
mom	moment/warte mal kurz
AFK	(away from keyboard) = bin mal kurz weg von den Tasten

Und eine Auswahl an Asterisken.

g	*grins* = grinsen
s	*smile* = lächeln
fg	*frechgrins* (auch: *fiesgrins*)
lol	*laugh out loud* = laut lachen
momtel	Moment, ich telefoniere gerade
knuddel	ich knuddel/drück dich
bok	*back on keyboard* – bin wieder an den Tasten!
kopfschüttel	Unverständnis zeigen.

Hier hast du Platz für Ergänzungen.

knuff	lieb in die Seite knuffen
froi	besonders betonte Freude
BRB	(be right back) = komme gleich zurück
FACK	(Full Acknowledge) = ich stimme Dir völlig zu!
ASAP	(as soon as possible) = schnellstmöglich
4U	for you = für Dich
CUL8R	(see you later) = wir sehen uns später
noob	Anfänger!

Lösungen

SEITE 56

1 Die Abkürzung ICQ bedeutet:

☐ A Internationaler Chat Quatsch

☒ B I seek you

☐ C Ich chatte quick

2 Das Wort Chat bedeutet so viel wie ...

☐ A der Schatz

☐ B die Katze

☒ C plaudern

2 Petra fühlt sich im Chat belästigt. Was macht sie?

☐ A Sie ruft ihre Freundin auf dem Handy an und fragt sie, ob sie auch schon einmal ein solches Problem gehabt hat.

☒ B Sie schaut auf der FAQ-Seite des Anbieters nach, ob dort ein Hinweis steht.

☒ C Sie meldet den Zwischenfall dem Moderator.

3 Bei der Registrierung geht Monique wie folgt vor.

☐ A Sie klickt sich möglichst schnell durch die Bildschirme, damit sie schnell chatten kann.

☒ B Sie liest die Geschäftsbedingungen (AGB) sorgfältig durch.

☒ C Sie achtet darauf, dass die Sicherheitseinstellungen ihre Privatsphäre möglichst gut schützen.

☐ D Sie führt die Registrierung mit ihrer Freundin Ayse durch, damit Ayse auch alle ihre Einstellungen und Passwörter kennt.

4 Wenn Viktor den Chat mit Dennis beendet, schreibt er in der letzten Zeile:

☐ A Mit freundlichen Grüßen

☒ B cu

☐ C Auf Wiedersehen bis zum nächsten Mal

☒ D bb

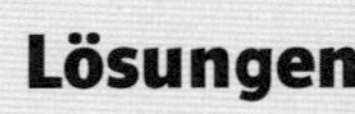

Lösungen

SEITE 57

Chat	Instant Messenger
Es ist kein Programm erforderlich.	Ein Instant Messenger erfordert ein spezielles Programm.
Ein Chat ist mit mehreren Teilnehmern möglich.	Ein Gespräch ist nur mit einem Teilnehmer möglich.
	Der Gesprächsteilnehmer muss das gleiche Programm installiert haben.
Es ist nicht sicher, wer wann antwortet.	Da nur mit einem Gesprächspartner kommuniziert wird, erhält man umgehend eine Antwort.
Chats sind zu bestimmten Themenkreisen möglich.	
	Fast immer ist auch eine Videofunktion vorhanden.

SEITE 62

1 Foren solcher Art sind insofern für die Betroffenen eine Hilfe, weil sie dort ihre Sorgen, Nöte und Fragen loswerden können. Von daher haben diese Foren ihre Berechtigung. Sie können aber auch gefährlich werden, wenn sich Betroffene in ihrem Verhalten bestärken.

2 In wikipedia findet man folgende Definition:
„Die Anorexia nervosa (griech./lat: etwa „nervlich bedingte Appetitlosigkeit"), auch Anorexia mentalis oder Magersucht genannt, ist eine psychische Störung aus dem Bereich der seelisch bedingten Essstörungen. Anorexia nervosa ist nicht gleichbedeutend mit dem Begriff Anorexie, welcher lediglich allgemein eine Appetitlosigkeit beschreibt, gleich welcher Ursache."

3 In wikipedia findet man folgende Definition:
„Die Bulimie, auch Ess-Brechsucht (Syn. Bulimarexie oder Bulimia nervosa) oder Ochsen- bzw. Stierhunger genannt, gehört zusammen mit der Magersucht, der Binge-Eating-Disorder und der Esssucht zu den Essstörungen."

4 In beiden Fällen handelt es sich um Essstörungen. Bei der Magersucht kommt erschwerend hinzu, dass es sich um eine psychische Erkrankung handelt, die auf jeden Fall behandelt werden muss.

5 Jugendlichen, vor allem jugendlichen Mädchen, werden in Zeitschriften und im Fernsehen als Beispiele schlanke, sehr schlanke Models vorgestellt, wenn es um Mode geht. Außerdem werden ihnen im Fernsehen in Casting-Shows weitere Beispiele gezeigt, wie man erfolgreich sein kann. Wesentlicher Faktor ist dabei fast immer, schlank zu sein. Kleidergröße 36 ist den Models bereits erheblich zu groß. So finden Jugendliche ihre „Vorbilder" in schlanken, sehr schlanken Models.

Lösungen

SEITE 64

Es werden hier keine weiteren, konkreten Adressen angegeben, weil dies sofort eine Einschränkung bedeuten würde. Die Schüler sollen das Netz erkunden, um passende Aussagen in den Foren zu finden. Wichtig ist die Diskussion, die im Prinzip schon auf der Seite angesprochen wird: der Spagat zwischen Hilfe für die jeweiligen Betroffenen und dem möglichen Missbrauch eines solchen Forums. Da solche missbräuchlichen Fälle wahrscheinlich sehr selten bleiben werden, ist gegen die positive Nutzung eines entsprechenden Forums nichts einzuwenden. Wichtig ist dabei sicherlich, dass solche Foren gut gemanagt werden. Dann können Missbräuche zwar nicht unbedingt verhindert werden, aber man wird rechtzeitig auf solche Situationen aufmerksam und kann eventuell noch einschreiten.

SEITE 65

(Beispielhafte Lösungen)

Name des Forums	Kurze Beschreibung des Forums	Internetadresse
Kochbar	Forum des Senders VOX rund um das Thema „Kochen" mit vielen Rezepten	www.kochbar.de/forum
CHIP online	Forum der Zeitschrift CHIP rund um das Thema PC, und zwar Hard- und Software	forum.chip.de
Rechtschreibreform	Ein Portal zur Rechtschreibung, das auch Hilfen zur Grammatik gibt	www.korrekturen.de/forum.pl
DSDS Forum	Hier findet man alle Informationen rund um die Fernsehsendung „DSDS"	www.dsds-portal.de/index.php
Das Allgemein-Forum	Hier findet man Hinweise auf Foren zu den unterschiedlichsten Themenbereichen, z. B. Familie, Multimedia, Sport, u.v.a.	www.allgemein-forum.com/
Hausaufgaben-Forum	Hausaufgabenhilfe für Schüler	www.hausaufgaben-forum.net/
Pro-Ana-Forum	Selbsthilfeforum für Menschen mit Ess-störungen	www.schattensturm.info/

Wenn ein Schüler die Frage nach der Lösung einer Aufgabe ins Netz stellt, kann ihm das womöglich von Mitschülern vorgehalten werden. Mit Reaktionen muss man also rechnen.

SEITE 66

Alle drei Aufgaben sind nur von jedem Schüler einzeln zu beantworten. Wichtig ist, dass die Ergebnisse in der Klasse zusammengetragen werden, um dann die Einzelergebnisse zu diskutieren.

Dabei kommt gerade der Aufgabe 3 eine wesentliche Bedeutung zu, da die Handykosten in vielen Familien ein Problem darstellen. Deshalb sollte dieser Punkt auf jeden Fall diskutiert werden. Hier bietet sich eine Vertiefung des Themas an, indem verschiedene Tarife, die von den Schülern genutzt werden, mit einander verglichen werden, um damit den Schülern eine Hilfe zu geben.

SEITE 67

1 Erläutere aus deiner Sicht die Vorteile einer SMS.
Eine SMS kann man jederzeit schreiben, evtl. auch unterbrechen und anschließend weiter schreiben. Die Kosten für eine SMS stehen (je nach Tarif) fest; oft sind die SMS auch kostenfrei. Eine SMS erreicht den Empfänger sofort. Er wird durch (einstellbare) Zeichen auf den Empfang aufmerksam gemacht. Eine SMS braucht außer dem Mobiltelefon keine weiteren Hilfsmittel (wie das der Fall ist, wenn ich einen Brief schreibe).Das Mobiltelefon unterstützt den SMS-Schreiber. Hier muss der Text nicht komplett geschrieben werden; bereits nach den ersten Buchstaben werden Wörter vorgeschlagen.

2 Warum war dieses Kommunikationsmittel so beliebt?
Hier trifft eine Reihe von Aussagen zu, die bereits in der Aufgabe 1 erläutert wurden. Deshalb hier nur stichwortartig: SMS oft kostenfrei; jederzeit verfügbar; Teilnehmer ist schnell zu erreichen; Eingabe des Textes wird durch Wortvorschläge erleichtert; gebräuchliche Abkürzungen für immer wiederkehrende Texte (Grußformel, …)

3 Woran kann der Rückgang der Anzahl der SMS-Nachrichten ab dem Jahre 2012 liegen?
Der im Jahre 2009 gegründete Instant-Messaging-Dienst WhatsApp wurde immer bekannter, war nicht an einen Anbieter gebunden und kostenlos; damit verdrängte er die SMS-Nachrichten.

4 Welche Alternativen zur SMS gibt es?
Echte Alternativen gibt es kaum noch. Aus Sicherheitsgründen empfiehlt sich der Dienst Threema aus der Schweiz, der allerdings kostenpflichtig ist; Facebook bietet den Facebook Messenger, Google den Dienst Google+ Hangouts und Apple iMessage. Alle drei Dienste sind kostenlos, nur bei iMessage fallen Kosten an, wenn man Nachrichten an einen Teilnehmer ohne iMessage verschickt.

SEITE 69

1 Diese Aufgabe lässt sich nur individuell beantworten. Wesentlich erscheint die Zusammenstellung der meist gebräuchlichen Apps, um herauszufinden, wie sinnvoll die einzelnen Apps sind. Auch ist in diesem Zusammenhang zu klären, wie hoch die Kosten für die Apps sind, denn nicht alle Apps sind kostenlos.

2 Diese Aufstellung kann nur individuell erstellt werden. Wenn mehrere Tabellen erstellt wurden, lassen sich die Ergebnisse (ähnlich wie in Aufgabe 1) diskutieren, um Sinn oder Unsinn der einzelnen Apps herauszufinden.

SEITE 72

Die Entscheidung ist wiederum eine persönliche, die jeder Schüler für sich entscheiden wird. Eine mögliche Antwort könnte z. B. so aussehen:
„Für mich ist ganz wichtig, dass mein Profil von der Suche über das Portal ausgeschlossen ist. Damit können nicht alle Nutzer auf mein Profil zugreifen. Dort sind nämlich einige Angaben, die nicht alle lesen sollen."

Lösungen

1 In dem Statement sollten möglichst folgende Begriffe enthalten sein:

- Es ist eine Verhaltenssucht
- Keine Selbstkontrolle mehr
- Sozialleben leidet darunter, dass so viel Zeit für Internetnutzung verwendet wird
- Internetsucht ist vergleichbar mit Spielsucht
- Es ist umstritten, ob es sich bei der Internetsucht um eine Erkrankung handelt
- Menschen können den Konsum der Internetanwendung nicht mehr kontrollieren
- Der Gebrauch des Internets wird verheimlicht
- Arbeitsfähigkeit lässt nach

2 Diese Aufgabe lässt sich nur aus der jeweiligen Situation heraus beantworten. Aus den Ergebnissen der Partnerarbeit lässt sich ggf. auch eine Auswertung für die ganze Klasse erstellen, die dann diskutiert werden kann.

SEITE 78

Die möglichen Ergänzungen können sehr unterschiedlich sein und sollten deshalb hier nicht weiter ausgeführt werden. Wenn es zu einem solchen Vertrag kommen soll, muss auf jeden Fall eine gemeinsame Veranstaltung mit der Klasse, den Elternvertretern und allen in der Klasse unterrichtenden Lehrern durchgeführt werden, damit der Vertrag tatsächlich auch von allen getragen wird. Bei einem solchen Treffen muss dann ein Text gefunden werden, der von allen getragen wird.

Für das Miteinander in der Klasse wäre es sicher hilfreich, wenn es eine solche Vereinbarung gäbe, weil damit mancher Konfliktstoff gar nicht erst entstehen könnte. Manche Probleme, die sich aus der (missbräuchlichen) Nutzung der sozialen Netzwerke ergeben könnten, würden so vermieden.

Problematisch kann der Abschluss eines solchen Vertrages dadurch werden, dass alle drei Parteien den Vertrag unterzeichnen sollen. Hier kann es in jeder Gruppierung Bedenken gegen die ein oder andere Formulierung geben, sodass ein solcher Vertrag gar nicht oder nur mit Änderungen zustande kommen kann.

Linkliste

Hier finden Sie Links zu Seiten, auf denen Sie weitere Informationen zu den Themen „Soziale Netzwerke" und „Datensicherheit" finden. Die Liste erhebt keinen Anspruch auf Vollständigkeit, sondern möchte nur Anregung für weitere Recherchen sein. Die Reihenfolge ist willkürlich und stellt in keiner Weise eine Rangfolge dar.

www.internet-abc.de
Die Landesanstalt für Medien NRW stellt unter dieser Adresse für den Verein „Internet ABC e. V." u. a. spezielle Informationen zu sozialen Netzwerken zur Verfügung; so z. B. die Broschüre „Wissen, wie's geht". Die Webseite richtet sich in erster Linie an Kinder (bis 12 Jahre), bietet aber auch ein Portal für Eltern und Pädagogen an.

www.lfm-nrw.de
Dies ist die Seite der Landesanstalt für Medien Nord-rhein-Westfalen (LfM) in Düsseldorf, die auch unter anderen Adressen Informationen zu den angesprochenen Themen zur Verfügung stellt. Auf ihrer Web-seite erklärt die LfM u. a. „Auf der Basis der durch die Medienforschung gewonnenen Erkenntnisse sowie aufgrund von Anregungen aus der täglichen Medienarbeit heraus, stellt die LfM ein breites Informations-, Beratungs- und Qualifizierungsangebot zur Verfügung."

www.lehrer-online.de
Diese Plattform mit dem Untertitel „Unterricht mit digitalen Medien" der lo-net GmbH in Wiesbaden stellt Lehrkräften Materialien zur Verfügung, die sich in erster Linie mit den digitalen Medien befassen. Neben Handreichungen findet man dort viele Hinweise auf aktuelle Fragen, Unterrichtsbeispiele, Beiträge zum Thema Medienkompetenz und sog. Dossiers zu verschiedenen Schwerpunkten.

www.lmz-bw.de
Das Landesmedienzentrum Baden-Württemberg beschreibt seinen Aufgaben auf der Webseite wie folgt: „Das Landesmedienzentrum Baden-Württemberg sowie die Stadt- und Kreismedienzentren haben die Aufgaben zu erfüllen, die sich aus der Verwendung audiovisueller und digitaler Medien in der Erziehungs- und Bildungsarbeit der öffentlichen Schulen ergeben. Die gleichen Aufgaben hat das Landesmedienzentrum Baden-Württemberg bei der Jugendarbeit und der Erwachsenenbildung zu erfüllen." Dementsprechend weit gefächert ist auch das Angebot.

www.medienfuehrerschein.bayern.de
Die Bayerische Staatsregierung hat das Konzept eines Medienführerscheins entwickelt, das an vielen Schulen erprobt wurde. Ziel dieses Medienführerscheins wird wie folgt beschrieben: „Ziel des Medienführerscheins Bayern ist es, Kinder, Jugendliche und Erwachsene in ihrer Medienkompetenz zu stärken. Als Portfolio konzipiert bietet er Informationen und Materialien, die eine auf die Bedürfnisse unterschiedlicher Zielgruppen zugeschnittene Auseinandersetzung mit relevanten Themen ermöglicht."

www.schule.bayern.de
Der Bayerische Schulserver stellt umfassende Informationen zur Mediennutzung zur Verfügung. So findet man dort die Rubrik „Medieninfo Bayern", in der sich alles um Medien und Bildung – von der gezielten Auswahl von Medien über deren sinnvollen Einsatz bis hin zu einem reflektierten Umgang mit Medien dreht.

www.datenschutz.de
Das unabhängige Landeszentrum für Datenschutz in Schleswig Holstein hat ein virtuelles Datenschutzbüro eingerichtet, das von Projektpartnern unterstützt wird. Projektpartner sind u. a. die Datenschutzbeauftragten der Länder, verschiedener kirchlicher Einrichtungen und Rundfunkanstalten. „Das Virtuelle Datenschutzbüro soll vor allem ein einheitliches Portal zum (vornehmlich deutschsprachigen) Datenschutzwissen im Internet sein. Es enthält eine große Zahl von Beiträgen oder Artikeln, die Hyperlinks zu bestimmten Datenschutz-Ressourcen im Internet enthalten. Im Virtuellen Datenschutzbüro werden sie systematisch geordnet und mit zusätzlichen Informationen versehen."

www.datenschutzzentrum.de
Das Unabhängige Landeszentrum für Datenschutz Schleswig-Holstein bietet viele Informationen zum Thema Datenschutz. Dort findet man z. B. unter der Rubrik „Infos für Bürger" zahlreiche Hinweise für den sicheren Umgang mit dem Internet.

Linkliste

www.internet-beschwerdestelle.de
Das Anliegen dieser Webseite wird so beschrieben: „Der Verband der deutschen Internetwirtschaft eco und die Freiwillige Selbstkontrolle Multimediadiensteanbieter FSM betreiben seit Jahren Hotlines zur Entgegennahme von Beschwerden über illegale und schädigende Internetinhalte. Mit der gemeinsamen Webseite Internet-Beschwerdestelle.de bieten die Organisationen erstmals Nutzern die Möglichkeit, sich an einer Stelle über verschiedene Aspekte zur Förderung des sichereren Umgangs mit dem Internet zu informieren und Beschwerden entsprechend der Arbeitsteilung von eco und FSM einzureichen."

https://www.digitalcourage.de
Verein zur Förderung des öffentlichen bewegten und unbewegten Datenverkehrs e. V. in Bielefeld. Er beschreibt seine Ziele u. a. so: „Digitalcourage e.V. engagiert sich seit 1987 für Bürgerrechte, Datenschutz und eine lebenswerte Welt im digitalen Zeitalter. Wir sind technikaffin, doch wir wehren uns dagegen, dass unsere Demokratie „verdatet und verkauft" wird. Wir klären auf und mischen uns in Politik ein. Seit 2000 verleihen wir jährlich die BigBrotherAwards. Digitalcourage ist gemeinnützig, finanziert sich durch private Spenden und lebt durch die Arbeit vieler Freiwilliger."

www.klicksafe.de
Klicksafe ist eine Initiative der EU. In Deutschland wird Klicksafe in erster Linie von der Landeszentrale für Medien und Kommunikation in Rheinland-Pfalz und der Landesanstalt für Medien Nordrhein-Westfalen koordiniert und bietet ein sehr umfangreiches Angebot an Informationen rund um das Thema Internet an. Dort erhalten Eltern, Jugendliche und pädagogische Fachkräfte medienpädagogische Informationsmaterialien, u.a. Broschüren und Flyer zu diesen Themen.

Kooperationspartner von klicksafe sind u. a. die Aktion Jugendschutz, die Arbeitsgemeinschaft der Landesmedienzentralen, das Bundesamt für Sicherheit in der Informationstechnik, der Beauftragte der Bundesregierung für Kultur und Medien, die Bundeszentrale für politische Bildung, die Bundesprüfstelle für jugendgefährdende Medien, u. v. a.

www.internauten.de
Unter dieser Adresse haben die FSK (Freiwillige Selbstkontrolle), das Kinderhilfswerk und die Firma Microsoft ein Angebot zum Umgang mit dem Internet zusammengefasst. Schwerpunkt bilden die Risiken, die mit dem Umgang mit dem Internet verbunden sind. Außer diesen Informationen für Kinder und Jugendliche bietet die Webseite auch einen „Eltern- und Lehrerbereich" an.

www.datenschutz-ist-buergerrecht.de
Die Partei Bündnis90/Die Grünen stellt unter dieser Adresse Informationen zur Datensicherheit zusammen. Dort findet man auch einen kurzen Test, mit dem man seine Kenntnisse zum Datenschutz überprüfen kann.

www.jugendschutz.net
Unter dieser Adresse findet man viele Informationen zum Datenschutz beim Chatten und bei der Internetnutzung, u. a. eine Reihe von Broschüren. Diese Webseite wurde 1997 von den Jugendministern aller Bundesländer gegründet, um jugendschutzrelevante Angebote im Internet (sogenannte Telemedien) zu überprüfen und auf die Einhaltung von Jugendschutzbestimmungen zu drängen. Ziel ist ein vergleichbarer Jugendschutz wie in traditionellen Medien.

www.Chatten-ohne-risiko.de
Hier erhält man unter anderem eine Anleitung zum sicheren Chatten, die Broschüre „Chatten ohne Risiko?", aber auch andere hilfreiche Handreichungen. Diese Webseite ist ein gemeinsames Projekt der Landesanstalt für Kommunikation Baden-Württemberg und jugendschutz.net.

Abbildungsverzeichnis

Seite 1

Computer
(© Julia Flasche)

Seite 5

Fotoapparat
(© robocity – Fotolia.com)

Handy
(© vege – Fotolia.com)

Seite 8

Computernutzerin
(© Amir Kaljikkovic – Fotolia.com)

Seite 9, 40

Collage
(© Kristina Afanasyeva – Fotolia.com)

Seite 10, 39

Schlösser
(© smu – Fotolia.com)

Seite 13, 42

AGB
(© Fineas – Fotolia.com)

Seite 26

„Twitter-Vogel" URL: http://commons.wikimedia.org/wiki/File:Twitschervogel01_derived_from_twitter-t.svg CC-BY-SA-3.0//Original uploader was en:User:GageSkidmore, modified by User:Cpro

Seite 36

Helgoland:
URL: http://upload.wikimedia.org/http://www.bild.de/news/inland/news-inland/home-15665814.bild.htmlwikipedia/commons/d/d0/Helgoland_Vogelperspektive_sx.jpg
CC-BY-SA-3.0 //Original by Pegasus2 reworked by Sioux

Hamburger Hafen:
URL: http://de.wikipedia.org/w/index.php?title=Datei:Hamburg_Hafen_Containerterminal.jpg&filetimestamp=20071212132922
© Raimond Spekking / CC-BY-SA-3.0

Seite 44

„Chat-Button"
(© virtua73 – Fotolia.com)

Seite 51

„Chat-Button"
(© so47 – Fotolia.com)

Seite 53

„Instant Messaging"
(© XtravaganT – Foltolia.com)

Seite 56

Frau im Spiegel
(© Hans-Jürgen Krahl – Fotolia.com)

Seite 61

Handy
(© majivecka – Fotolia.com)

Seite 62

„SMS-Button"
(© treenabeena – Fotolia.com)

Seite 63

Handy
(© maconga – Fotolia.com)

Seite 64

„Sichere E-Mail"
(© arahan – Fotolia.com)

Seite 65

Paragraph
(© froxx – Fotolia.com)

Seite 73

„Hand mit offenem Puzzle"
(© Nikolai Sorokin – Fotolia.com)

„Hand mit geschlossenem Puzzle"
(© Nikolai Sorokin – Fotolia.com)

Seite 77

Verhaltenskodex
(© XtravaganT - stock.adobe.com)